처음 배워도 쉽고 재미있는 니트 만들기

뜨개쟁이의 행복한 손뜨개

처음 배워도 쉽고 재미있는 니트 만들기

뜨개쟁이의 행복한 손뜨개

박형아 지음

시작하며

행복한 손뜨개로 새로운 나를 찾아보세요

손뜨개 처음 해보시나요?
따뜻하고 예쁜 뜨개실의 매력에 폭 빠져 내 머플러, 남편 조끼, 아기 모자, 친구 장갑 등등….
어서 빨리 떠서 선물하고 싶진 않으신지요.
10여 년 전, 제가 꼭 그랬습니다.

창밖에는 하얀 눈이 포슬포슬 내리고 있습니다.
따뜻한 무릎담요를 덮고 소파에 앉아 커피 향 은은한 머그잔을 옆에 놓고 세상에서 가장 편하고
행복한 기분으로 뜨개질을 하지요.
사랑하는 사람을 생각하면서요.

제가 처음으로 뜨개질이 하고 싶었을 때 상상했던 모습입니다.
무언가에 열심히 집중하며 행복해하는 제 자신, 생각만으로도 가슴 벅찼습니다.
그 후로 지금까지, 손뜨개는 정말로 저에게 그런 시간들을 선물했어요.
새로운 실을 보면 항상 가슴 설레고, 아이나 신랑, 또는 부모님이나 친구들을 볼 때면 이런 작품을
만들어 선물해야겠다… 늘 생각하지요.

손뜨개가 저에게 더욱 특별한 건 저 자신도 몰랐던 '또 다른 나'를 찾게 해주었다는 거예요.
손으로 무언가를 만드는 대부분의 취미가 그러하듯, 손뜨개 역시 한 번 실·바늘을 잡으면 쉽게 놓지
못하고 집중하게 되는데, 이렇게 푹 빠져있다 보면 새로운 나를 발견한 것 같은 순간을 만나게 됩니다.
손뜨개를 배우려고 저를 찾았던 많은 분들이 새로운 취미 이상의 자신을 찾고 기뻐하셨답니다.
바로 이런 기분을 여러분과 나누고 싶어, 제가 즐겁게 만든 작품들을 모아 책으로 엮어보기로
마음먹었답니다.

그 어느 때보다 즐거웠던 순간들이 그대로 전해지길 바랍니다.
이 책을 만나 손뜨개의 세계로 오신 여러분과 함께 또 다른 나를 찾아가는 여행을 시작하게 되기를
기대합니다. 행복하세요.

2011년 겨울 문 앞에서, 박형아

차례

4 시작하며 행복한 손뜨개로 새로운 나를 찾아보세요

 첫 번째 손뜨개 · 뜨개질과 친해지는 손뜨개 Basic School

12 손뜨개 기본 도구
14 여러 가지 예쁜 실
16 대바늘뜨기의 기본 도안
20 코바늘뜨기의 기본 도안
22 꼭 알아두어야 할 시작과 마무리 기술
24 방울 달린 비니 모자 만들기

 두 번째 손뜨개 · 스타일 사는 패션 아이템

 30 펄키드 모자
 33 눈꽃 방울 모자
 35 소노모노 모자

 31 펄키드 머플러
 34 꽈배기무늬 모자
 36 색색가지 모자

 32 빈티지 귀달이 모자
 34 꽈배기무늬 머플러
 36 색색가지 머플러

38 아이스버그 넥 워머
39 알파카 넥 워머
40 토끼털 넥 워머
41 믹스 뜨기 머플러 겸 넥 워머
42 꼬임무늬 루스 롱 머플러
43 누에보 넥 워머
44 모자 모양 넥 워머
45 커플 머플러

46 방울 달린 무지개 머플러
47 소노모노 머플러
48 램소프트 머플러
49 모노톤 머플러
50 알피나 울 머플러
51 별 모티브 삼각 숄 겸 머플러
52 양털 귀마개
53 커플 하트 장갑

54 모자 달린 코바늘 머플러
55 내추럴한 모양의 간단 조끼
56 보송보송 수면 양말
57 꽈배기무늬 손목 워머
58 밀라노 빈티지 백
59 캐주얼 크로스백
60 꽈배기무늬 덧신

세 번째 손뜨개 — 아기에게 주는 손뜨개 선물

 100 아이 방울 비니

 106 토끼털 장식 모자 망토

 112 레이스 양말

 100 양면 머플러

 107 나무 단추로 멋낸 조끼

 112 보닛

 101 삼각 케이프

 108 방울 고깔 모자

 114 베에비 보낭

 102 방울 모자 넥 워머

 108 베이비 양말

 115 스퀘어 짜임 머플러(엄마)

 103 코바늘 챙모자

 109 코바늘 베이비 판초

 115 스퀘어 짜임 머플러(아이)

 104 삐에로 모자

 110 눈사람 어그 부츠

 116 고릴라 딸랑이

 105 배기팬츠

 112 슬리브리스 원피스

 117 유기농 실로 만든 손싸개

 **117** 유기농 실로 만든 발싸개

 **119** 리폼 치마(아이)

 **121** 터틀넥 망토(아이)

 **118** 리폼 치마(엄마)

 **120** 터틀넥 망토(엄마)

 **122** 세일러 케이프

 네 번째 손 뜨개   집을 예쁘게 꾸며주는 소품

 **162** 뜨개쟁이 '얀'

 **165** 스머프 블랭킷

 168 방울 쿠션

 **163** 스티치 장식 티코스터

 **166** 소프트베베 카시트

 **169** 뜨개 바구니

 **163** 다이어리 커버와 연필싸개

 **167** 메리 산타 양말

 **169** 바구니와 실 (미니어처 소품)

 **164** 줄무늬 블랭킷

 **167** 와인 홀더

뜨개질과 친해지는
손뜨개 Basic School

본격적인 뜨개질에 들어가기 전 기본적으로 필요한 도구나
색색가지 다양한 실과 먼저 친해지세요. '대바늘뜨기', '코바늘뜨기'의
기본 방법을 한눈에 알 수 있게 표시한 도안도 익히고요.
바늘을 처음 잡는 초보자라도 처음부터 책을 찬찬히 살펴보고 하나씩
따라하면 쉽게 배울 수 있도록 기본적인 정보부터 담았습니다.
올겨울이 가기 전에 근사한 작품 한두 개씩은 완성할 수 있도록,
파이팅이에요~!

손뜨개 기본 도구

뜨개질을 좀 더 쉽고 편리하게 도와주는 스마트한 도구들을 소개합니다. 갖가지 바늘은 기본이고 콧수나 단수를 기억하도록 표시하고 끝이 풀리지 않도록 안전하게 잡아주는 도구, 동그란 방울을 만드는 것까지 종류도 다양합니다.

대바늘
일자바늘과 줄바늘 두 가지가 있으며, 줄바늘을 주로 사용한다. 숫자가 클수록 바늘이 굵어진다.

장갑바늘, 양말바늘
5개가 1세트로 되어 있다. 장갑, 양말, 원형 모자 뜨기에 사용하면 편리하다.

돗바늘 세트
돗바늘은 통에 담긴 세트로 구입하는 것이 좋다. 바늘통에 담아두면 보관이 편리하고 분실 위험도 적다.

코바늘
모사용과 레이스용이 있다. 모사용은 숫자가 클수록 바늘이 굵어지고, 레이스용은 숫자가 클수록 가늘어진다.

머플러 대바늘
머플러는 콧수가 적으므로 이 바늘을 사용해 뜨면 편리하다. 일반 대바늘에 비해 길이가 짧다.

안전핀(어깨핀)
코가 풀리지 않게 쉼코에 꽂아두거나 어깨처짐을 한 후 어깨 부분에 꽂아둔다.

단수 표시 링
단을 표시할 때 사용하는 것으로, 코바늘로 짧은뜨기 원형을 만들거나 첫 코를 표시할 때 사용하면 편리하다. 또는 대바늘로 뜰 때 10단째 되는 부분마다 꽂아두면 앞뒤의 단수를 맞추기 쉽다.

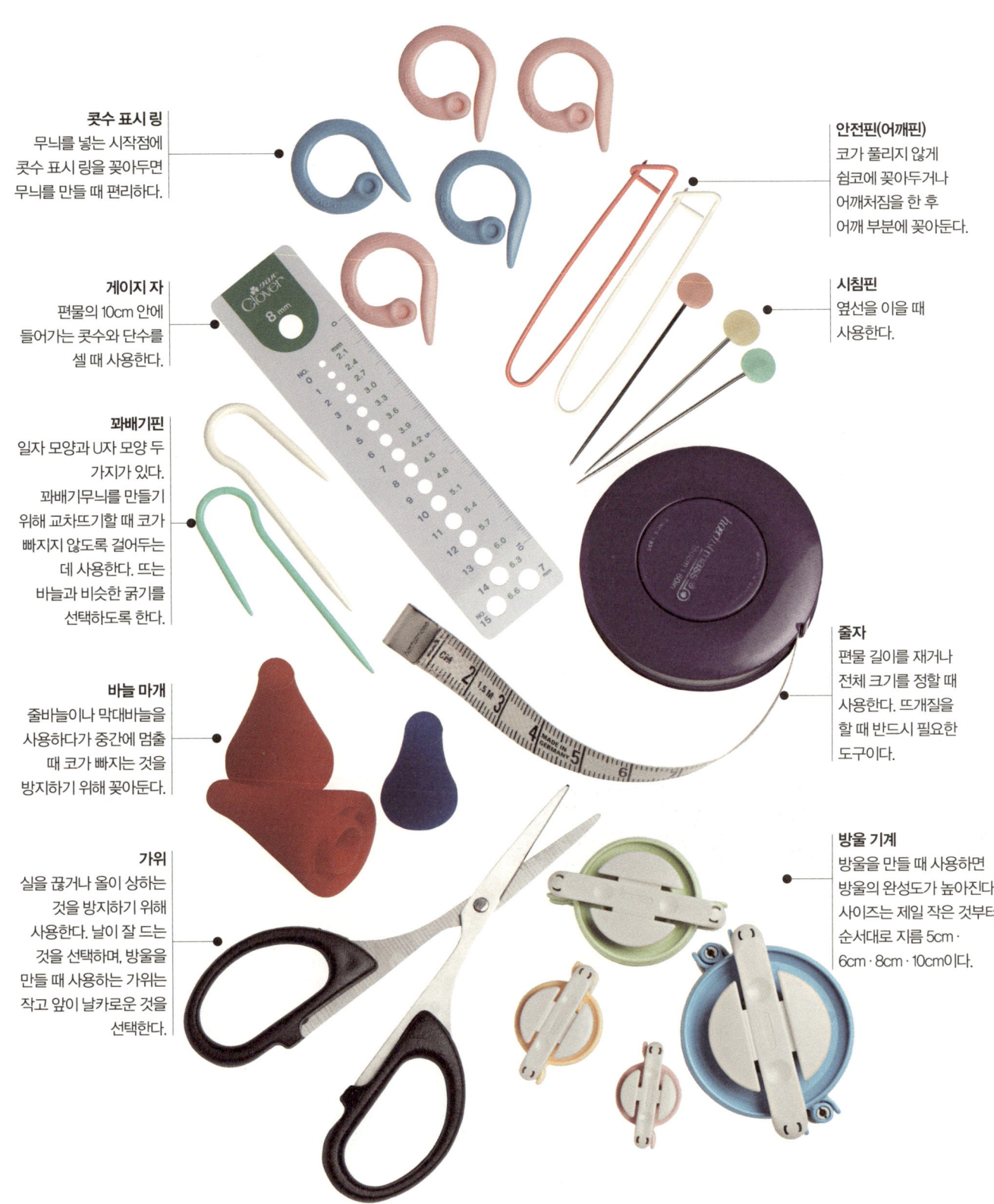

콧수 표시 링
무늬를 넣는 시작점에 콧수 표시 링을 꽂아두면 무늬를 만들 때 편리하다.

게이지 자
편물의 10cm 안에 들어가는 콧수와 단수를 셀 때 사용한다.

꽈배기핀
일자 모양과 U자 모양 두 가지가 있다. 꽈배기무늬를 만들기 위해 교차뜨기할 때 코가 빠지지 않도록 걸어두는 데 사용한다. 뜨는 바늘과 비슷한 굵기를 선택하도록 한다.

바늘 마개
줄바늘이나 막대바늘을 사용하다가 중간에 멈출 때 코가 빠지는 것을 방지하기 위해 꽂아둔다.

가위
실을 끊거나 올이 상하는 것을 방지하기 위해 사용한다. 날이 잘 드는 것을 선택하며, 방울을 만들 때 사용하는 가위는 작고 앞이 날카로운 것을 선택한다.

안전핀(어깨핀)
코가 풀리지 않게 쉼코에 꽂아두거나 어깨처짐을 한 후 어깨 부분에 꽂아둔다.

시침핀
옆선을 이을 때 사용한다.

줄자
편물 길이를 재거나 전체 크기를 정할 때 사용한다. 뜨개질을 할 때 반드시 필요한 도구이다.

방울 기계
방울을 만들 때 사용하면 방울의 완성도가 높아진다. 사이즈는 제일 작은 것부터 순서대로 지름 5cm · 6cm · 8cm · 10cm이다.

여러 가지 예쁜 실

뜨개질은 요리조리 바늘과 실을 엮어 뜨는 과정도 즐겁지만 마음에 드는 실을 고르는 단계부터 이미 그 재미가 시작됩니다. 만들고 싶은 모양과 용도에 따라 달콤하거나 시크한 컬러, 보송보송하거나 심플한 질감 등등 다채로운 실을 고를 수 있어요. 요즘에는 피부에 자극 없이 부드러운 유기농 실도 많이 나와 있으니, 특히 아기가 사용할 것을 만들 때 참고하세요.

초보자도 쉽게 뜰 수 있는 실

듀네
12mm 굵은 바늘을 사용하기 때문에 빠른 시간 안에 완성할 수 있다. 굵고 얇은 슬러브 느낌이 들어서 어떤 작품을 만들어도 멋스럽다. 단색의 슬러브 실은 가터뜨기만으로도 훌륭한 작품을 완성한다.

아이스버그
8mm 바늘을 사용하기 때문에 비교적 빠른 시간 안에 완성할 수 있다. 실에 굵은 부분과 얇은 부분이 섞여 있어서 기본뜨기만으로도 훌륭한 작품을 완성할 수 있다. 반짝이도 섞여 있어서 멋스러운 스타일을 원하는 사람에게 추천할 만하다.

메가
울 혼방 실이므로 완성했을 때 무겁지 않은 것이 특징이다. 기본뜨기만으로도 실의 색들이 자연스러운 무늬를 만들기 때문에 빈티지한 느낌을 연출할 수 있다.

베네치아
동유럽의 색상을 느낄 수 있는 실이다. 실 자체에 여러 가지 색들이 들어 있어서 기본뜨기만으로도 화사한 분위기를 완성할 수 있다.

알피나 울
빈티지한 분위기를 내기 좋고 촉감도 부드럽다. 8mm 바늘을 사용해서 빠른 시간 안에 완성할 수 있다.

엘리트
단색의 단조로움과 울 실의 클래식함, 깔끔한 느낌을 좋아하는 사람들에게 추천하는 실이다. 부드러우며, 꽈배기무늬가 잘 살아나는 것이 특징이다.

소노모노
양모 실로 고급스러운 느낌을 낼 수 있다. 폭신한 촉감과 함께 따뜻하고 클래식한 느낌을 좋아하는 사람들에게 추천한다.

이프리
단색의 비비드한 컬러를 좋아하는 사람들에게 추천한다. 무늬가 잘 살아나는 실인 만큼 무늬 있는 작품을 만들기에 좋다.

제작에 도움주신 곳
고려사 02-2277-5545, 서울시 종로구 동대문 종합시장 A동 지하 84호 **하나상사** 053-559-1541, 대구광역시 서구 이현동 42-472
세림무역 02-461-5195, 서울시 성동구 성수2가3동 280-44 성동세무타워 403호 **풍전상사** 02-2277-3868, 서울시 종로구 동대문 종합시장 A동 지하 39호

아기 피부에 자극 없이 부드러운 실

야채밭 실
메리노 울을 천연색소로 염색한 실로, 지구환경에 좋은 에콜로지 상품이다. 멜란지풍의 깨끗하고 순수하며 입기 편한 색감으로, 실 이름에 당근, 호박, 시금치, 우엉 등이 들어가 재미를 더해준다.

유기농 코튼('오가닉 코튼'이라고도 함)
유기 재배 면으로 만들어진 실로 피부가 예민한 사람의 옷이나 신생아 용품에 많이 사용한다. 다른 면에 비해 약간의 부풀임이 있어서 많이 무겁지 않고 사계절용으로 사용하기에 좋다.

유기농 울필드
염색 가공할 때 중금속이 포함되지 않은 염료를 사용한다. 부드러운 느낌의 어스 컬러(earth color, 토양 빛깔)로 이루어져 있다. 옷, 소품을 비롯하여 아이 용품에 폭넓게 사용한다.

메리노골드
부드럽고 따뜻한 느낌의 메리노 울로 색상이 화사해서 아이들에게 사용하면 좋은 실이다.

코코로 5
면과 울 혼방으로 부드러운 느낌이 특징이다. 조끼나 카디건, 소품 등에 다양하게 사용할 수 있다.

소프트베베
폴리에스테르 100% 실로 감촉이 부드럽고 따뜻하다. 실이 굵어서 단시간에 옷이나 소품 등을 완성할 수 있으며, 색상도 다양해 선택의 폭이 넓다.

데커레이션하기 좋은 실

토끼털
라인이나 테두리를 만들 때 사용하면 따뜻한 느낌과 고급스러운 느낌을 더할 수 있다.

소노모노 링구
아이 외투를 만들거나 단 부분에 사용하면 알맞은 실이다.

스노볼
소품이나 옷을 만들 때 중간 배색으로 사용하면 좋다.

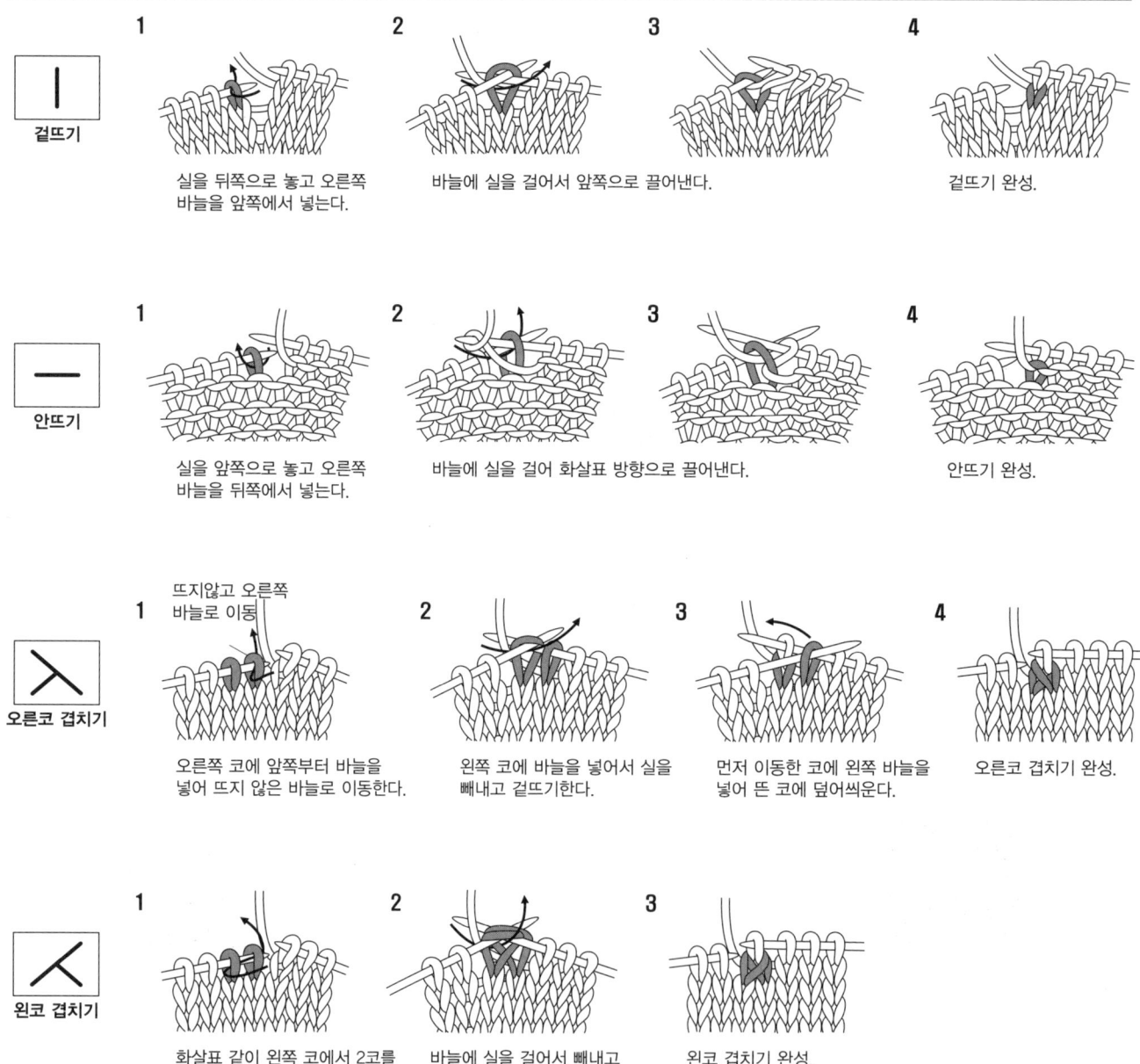

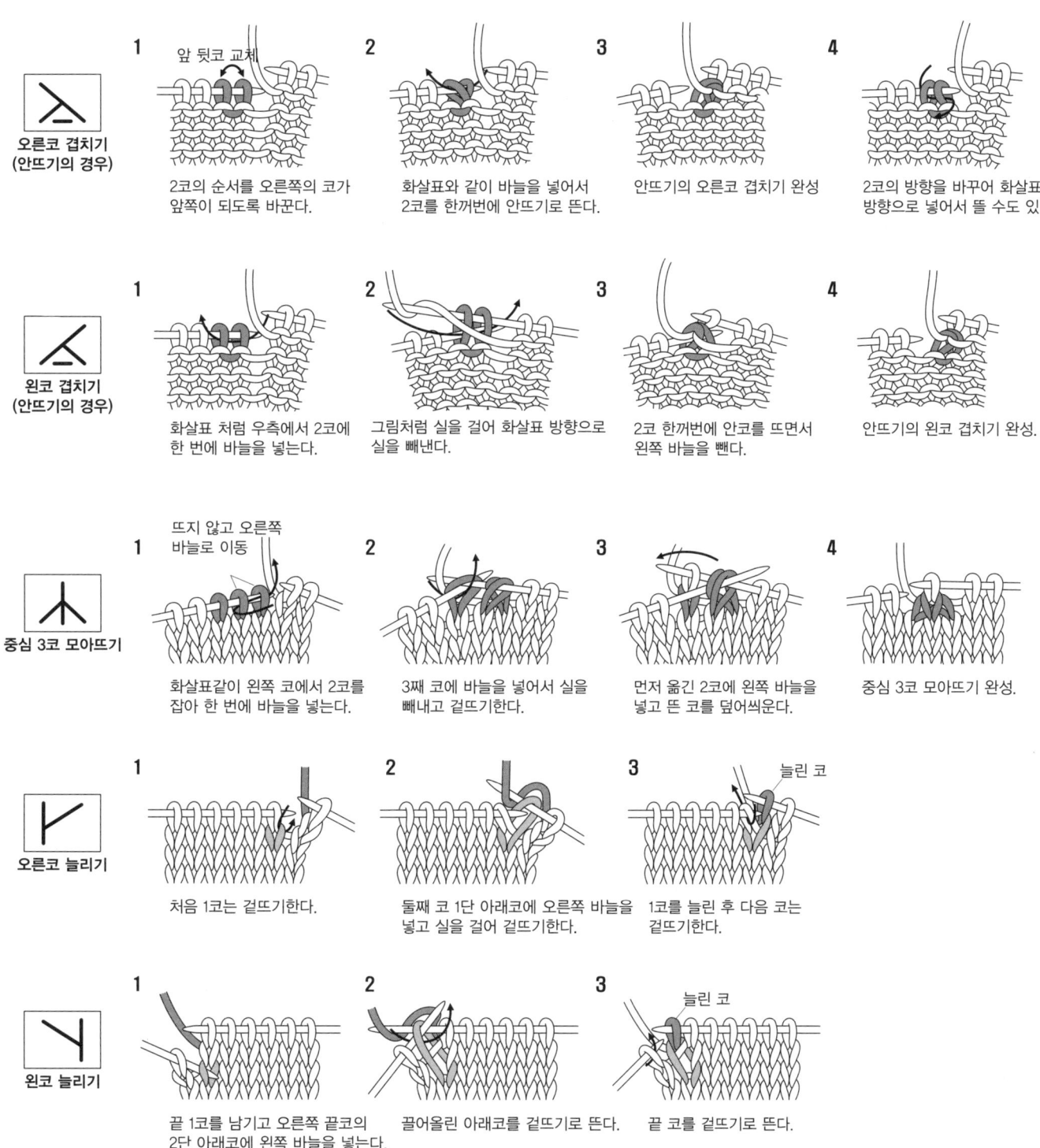

> **여기서 잠깐!**
> 대바늘뜨기를 할 때 자주 보게 되는 두 가지 용어에 대해 알아둡시다.

'메리야스뜨기'가 뭔가요?
메리야스뜨기란, 1단은 겉뜨기로 뜨고 다음 1단은 안뜨기로 뜨는 방법을 말합니다. 완성된 짜임새를 보면 겉은 겉뜨기, 안은 안뜨기 모양이 되지요. 가장 기본적인 대바늘뜨기의 기법이랍니다.

'가터뜨기'가 뭔가요?
가터뜨기란, 처음부터 끝까지 매 단마다 겉뜨기로 떠가는 방법입니다. 이렇게 하면 겉과 안 짜임에 같은 모양이 나타나지요. 메리야스뜨기 안쪽 면의 짜임과 같습니다.

안뜨기에서의 오른코 늘리기

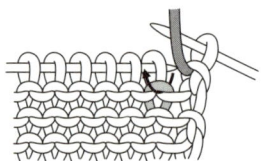
첫 코는 안뜨기로 뜨고 다음 코의 1단 아래코에 오른쪽 바늘을 넣어 안뜨기로 뜬다.

안뜨기에서의 왼코 늘리기

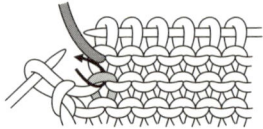
마지막 1코를 남기고 오른쪽 뜬 끝 코의 2단 아래코에 왼쪽 바늘을 넣어 안뜨기로 뜬다.

바늘 비우기

1
오른쪽 바늘 앞쪽에서 실을 건다.

2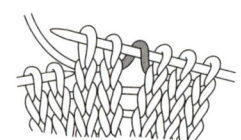
다음 코부터는 원래 뜨던대로 뜬다.

3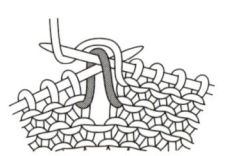
다음 단에서 앞 단에서 걸었던 코를 안뜨기로 뜬다.

4
바늘 비우기 완성.

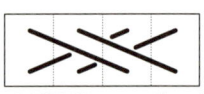
오른쪽 위 2코 교차뜨기

1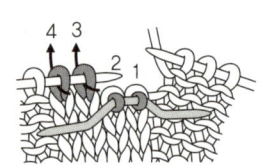
꽈배기핀에 1,2번 코를 옮겨 끼워 앞으로 젖힌 후 3,4번을 뜨고 꽈배기핀에 옮겨 놓은 1,2번을 뜬다.

2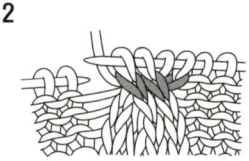
오른쪽 위 2코 교차뜨기 완성.
(왼쪽 위 2코 교차뜨기는 1번 과정에서 꽈배기핀을 뒤로 젖힌 후 순서대로 뜨면 된다.)

감아코

1
그림과 같이 실을 잡고 화살표 방향대로 실을 건다.

2
감아코 4코 완성.

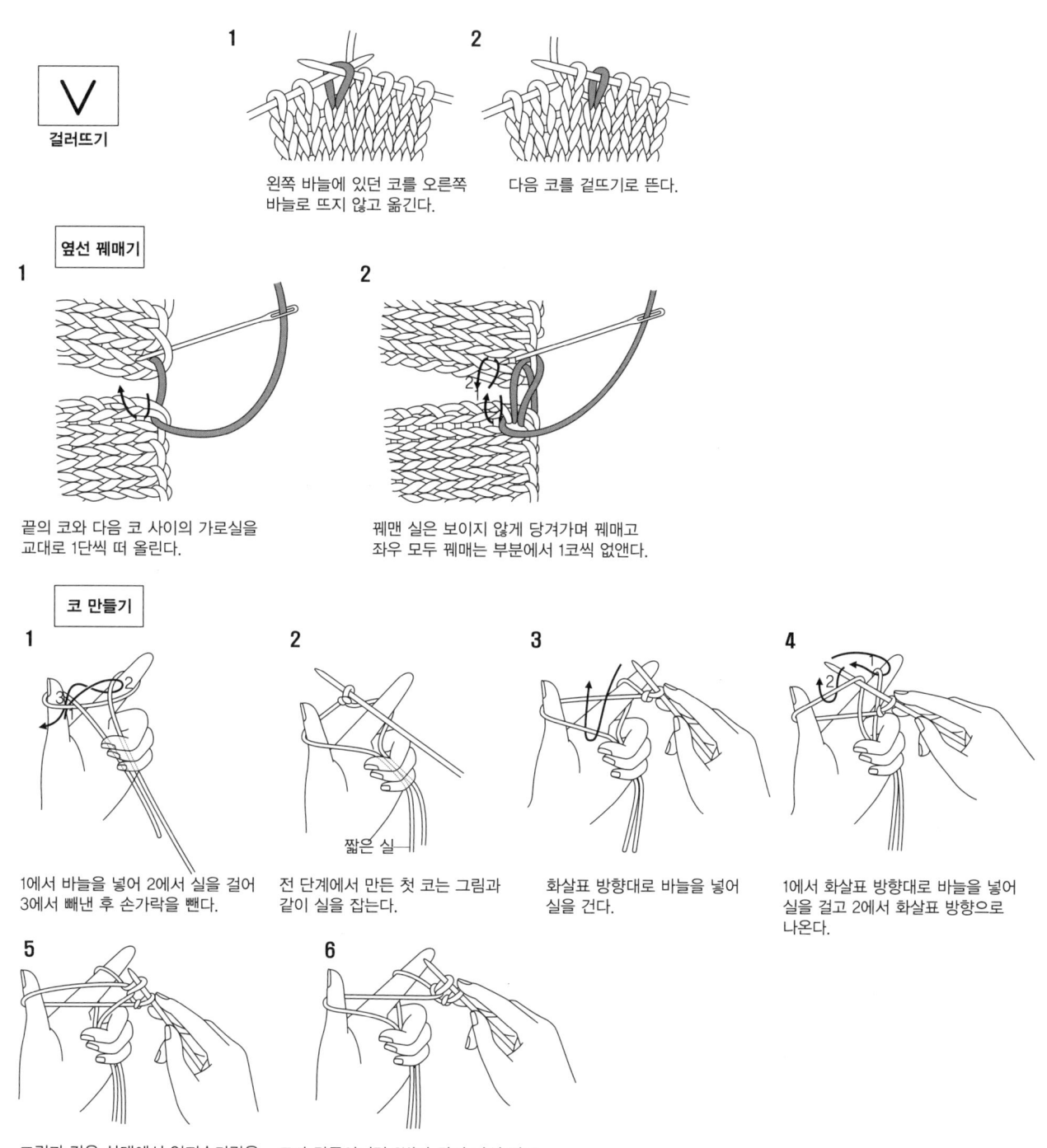

코바늘뜨기의 기본 도안

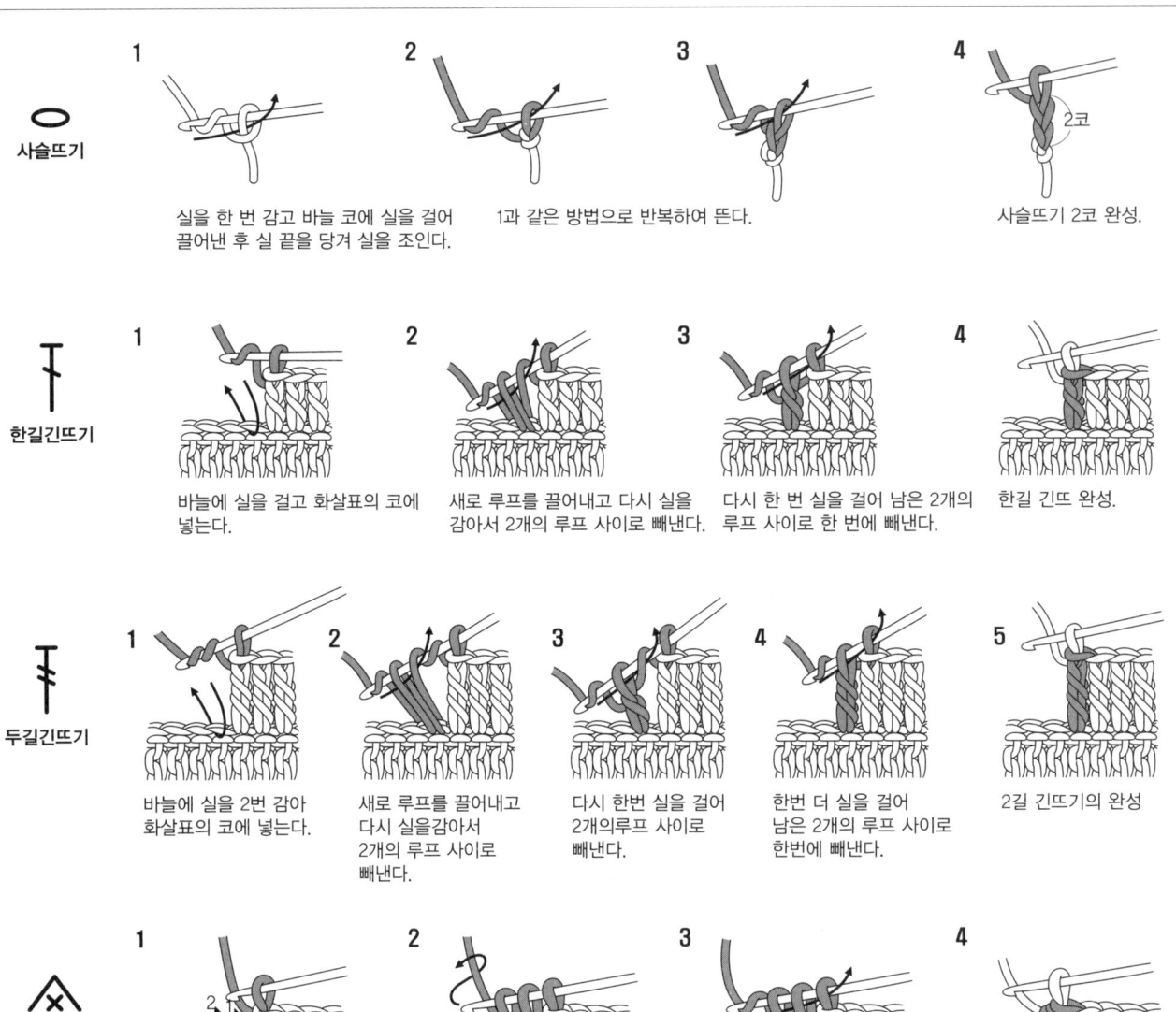

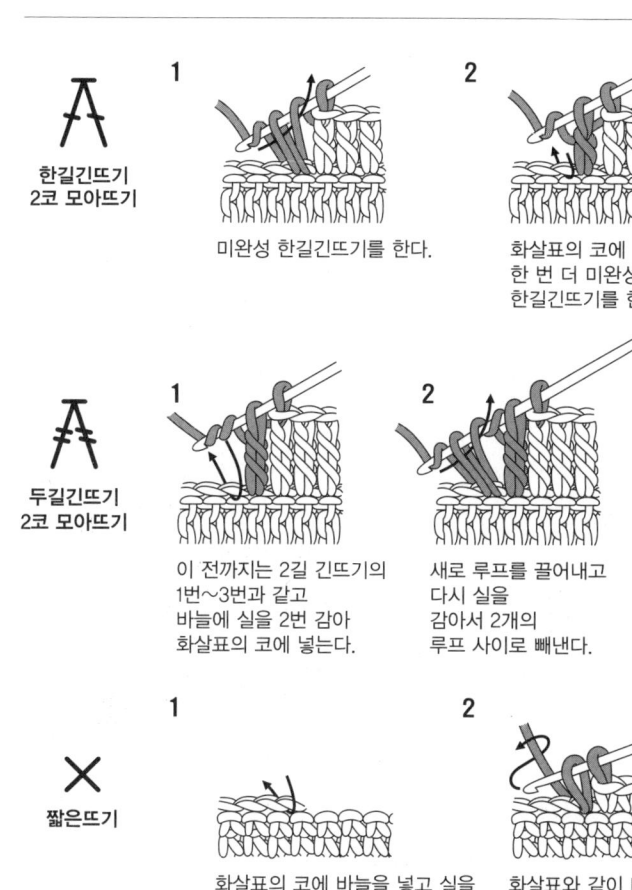
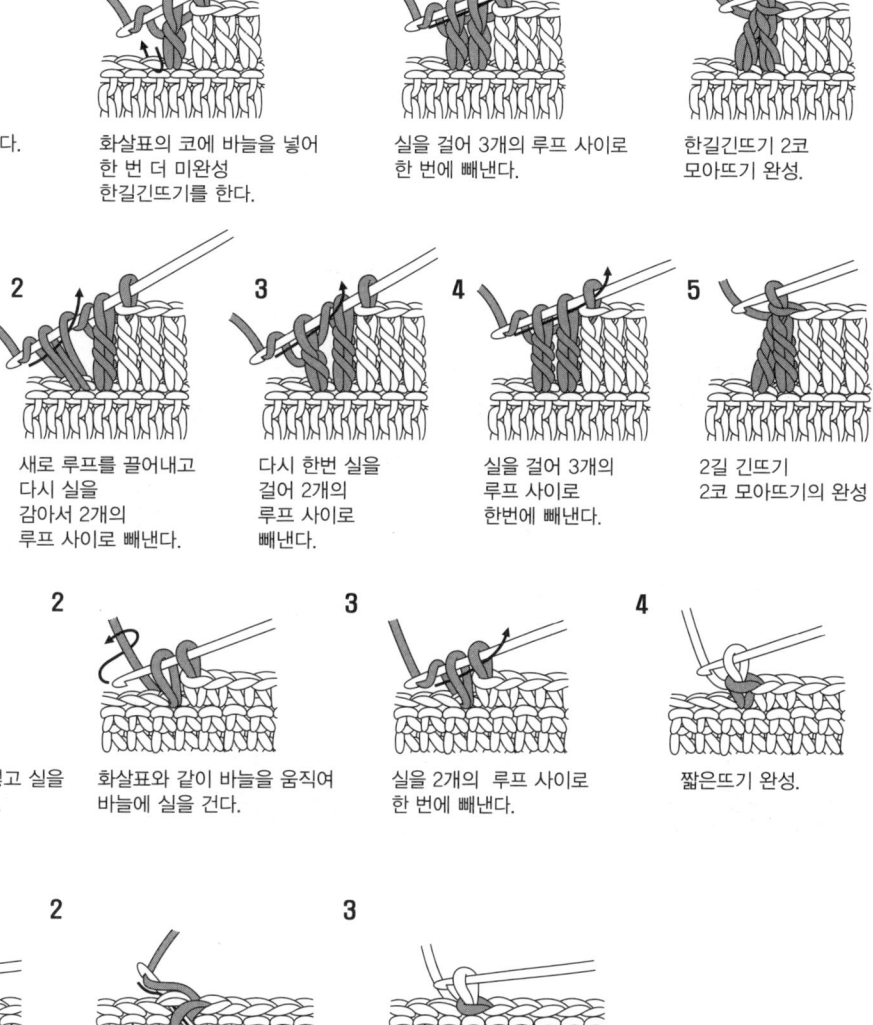

[꼭 알아두어야 할 시작과 마무리 기술]

코잡기

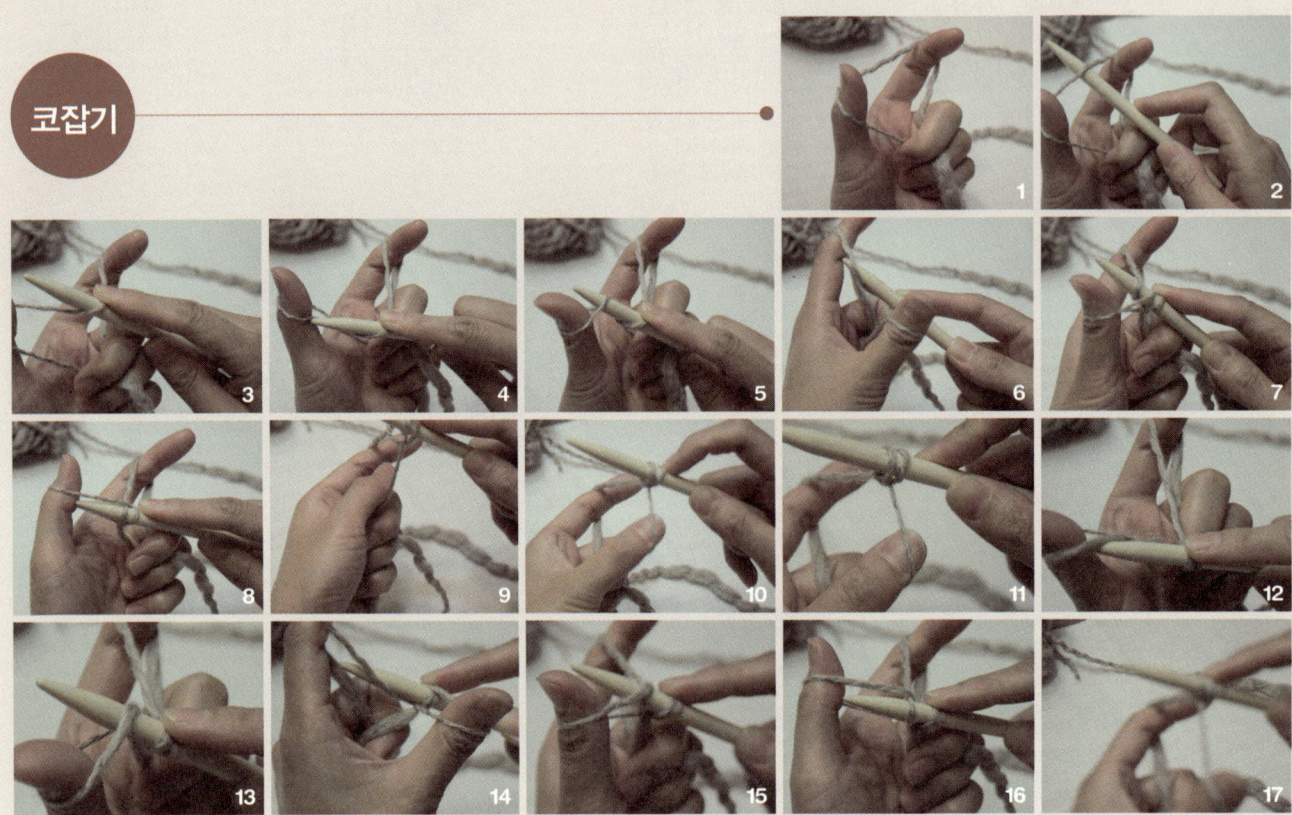

1~11 왼손에 실을 삼각 구도로 걸어준 다음 바늘을 가운데로 넣어서 코를 잡아준다.
12~17 처음에 2코가 생기면 그다음부터는 같은 방법으로 사진과 같이 코를 원하는 만큼 잡아준다.

코막음

1~6 겉뜨기로 2코를 뜬 다음 뒤의 코를 앞으로 엎어서 빼준다.
7~14 다음 코를 뜨고 뒤의 코를 다시 앞으로 엎으면서 코막음을 반복한다.
15~19 마지막에 실을 잘라 남은 1코에 넣어서 빼준 다음 잡아당겨서 매듭짓는다.

수술 달기

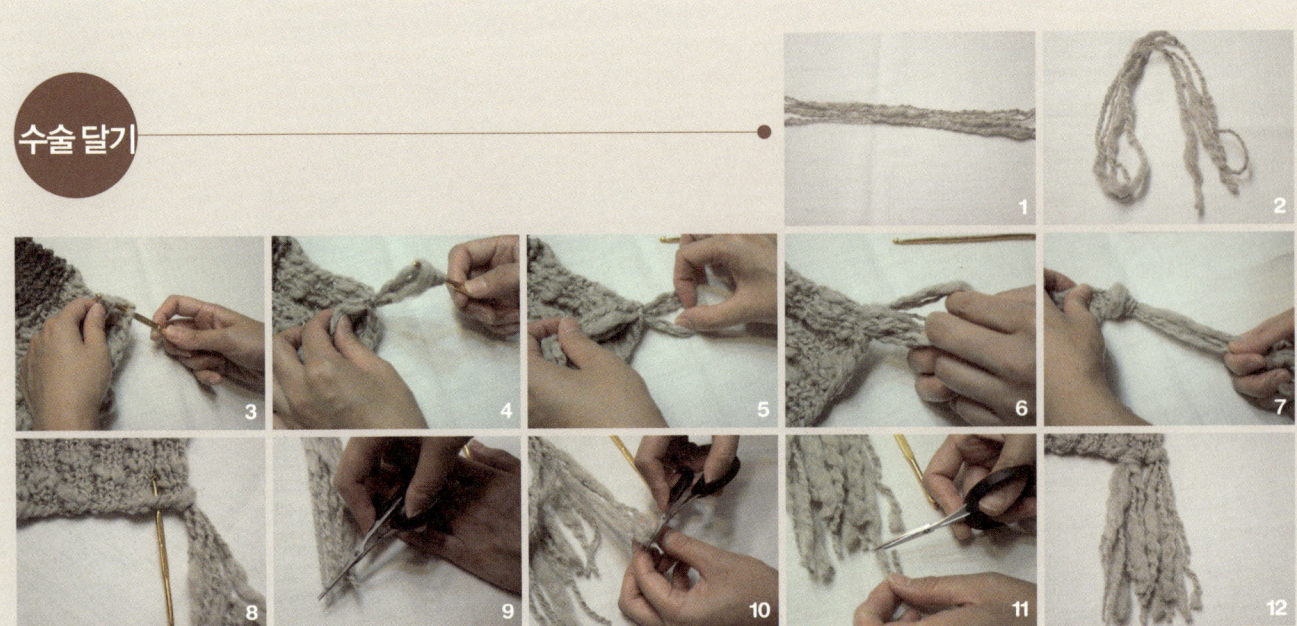

1 40cm 길이 4개를 합해 잘라준다. 2 반으로 접는다. 3, 4 수술을 달고자 하는 위치에 코바늘을 넣는다. 5 실을 코바늘로 빼내서 구멍을 크게 만든다. 6~8 남아 있는 수술을 구멍 사이로 빼서 잡아당긴다. 9~12 수술 길이를 가지런하게 해서 예쁘게 자른다.

{ 방울 달린 비니 모자 만들기 }

원형 만들기

1 76코를 잡는다. 2~4 시작과 끝을 원형으로 마주 보게 하고 겉뜨기한다. 이때 첫 코를 꽉 잡아당겨 떠야 구멍이 생기는 것을 방지한다. 5 1단을 뜬 다음 같은 방향으로 계속 뜬다.(실 달린 부분이 시작점이 된다.)

모자 마무리 하기

1, 2 2코를 합해 겉뜨기로 한 번에 뜬다.(1단 전체를 같은 방법으로 뜬다.) 3 1번과 같은 방법으로 1단을 더 뜬다. 4 2단을 줄인 모양. 5 실을 30cm 정도 남기고 잘라서 돗바늘에 넣는다. 6~9 바늘에 걸린 코를 2코씩 돗바늘에 넣어서 잡아당긴다. 10, 11 같은 방법으로 돗바늘에 코를 다 옮긴다.(코가 실에 옮겨진다.) 12 돗바늘을 잡아당겨서 윗부분을 모은다. 13 돗바늘을 반대편 방향으로 꽂는다. 14 안에서 돗바늘을 다시 밖으로 꺼낸다. 15 다시 반대편 방향으로 돗바늘을 꽂는다.(십자 모양이 되게) 16 십자 모양을 만든다. 17 안쪽에서 매듭짓고 실밥을 정리한다.

방울 만들기

방울 달기

1 남아 있는 실 한쪽을 돗바늘에 꿴다. 2, 3 모자 윗부분에 ①의 바늘을 찔러 넣어 한쪽 실을 먼저 안으로 넣는다. 4 반대편 실도 돗바늘에 꿴다. 5 ②와 반대 방향으로 돗바늘을 넣는다. 6 안쪽에서 실을 꽉 잡아당긴다. 7 세 번 정도 묶어 매듭을 만들고 실밥을 정리한다.

완성된 방울 모양

1 중간 크기의 방울 기계를 준비한다. 2 한쪽 방울 도구를 연다. 3, 4 한쪽만 먼저 실을 감는다. 5 6~7회 정도 감아 실을 꽉 채운다. 6, 7 한쪽 도구를 달고 실을 자른다. 8 다른 한쪽 도구를 연다. 9 실을 6~7회 정도 감는다. 10 가위로 실을 자른다. 11 양쪽에 실을 감은 모양. 12 한쪽 도구의 가운데를 가위로 자른다. 13 한쪽을 자른 모양. 14 다른 한쪽의 가운데도 가위로 자른다. 15 양쪽 실을 다 자른 모양. 16 실을 2겹으로 적당히 자른다. 17, 18 방울 기계의 가운데에 실을 깊숙이 넣는다. 19 가운데를 꽉 묶는다. 20 실을 반대편으로 돌려서 두 번 정도 꽉 묶는다. 21, 22 한쪽 도구를 뺀다. 23, 24 반대편 도구도 뺀다. 25 양쪽을 뺀 모양. 26 위의 도구를 걷어낸다. 27 아래의 도구도 걷어낸다. 28 가위로 방울 전체를 예쁘게 다듬는다.

방울이 달린 모양

tip 방울 기계가 없을 땐 종이를 이용하세요.

스타일 사는
패션 아이템

해마다 겨울이면 베스트 아이템으로 꼽히는 모자와
머플러는 물론, 유행하는 넥 워머나 수면 양말까지도
직접 만들어보세요. 쇼핑몰에서 본 것처럼 스타일리시한
패션 소품을 취향에 따라 고른 실로 떠서 완성하는
뿌듯함은 만들어보지 않고는 절대 모른답니다.
컬러와 실의 질감에 따라 같은 소품도 전혀 다른 느낌이
나니 뜰 때마다 새로운 재미가 있지요.

펄키드 모자

보송보송한 펄키드 실로 모자 끝부분과 방울을 떠서 한결 따뜻해 보여요. 블루와 퍼플 배색이 근사한 털모자를 머플러와 세트로 만들어보세요.
만들기는 p.62 참고

펄키드 머플러

서로 다른 질감의 실이 믹스된 디자인이라 멋스러워요. 양끝에는 펄키드 실로 포인트를 주었고 목에 닿는 중간 부분은 스카이 실을 사용해 편안하게 두를 수 있답니다.
만들기는 p.81 참고

빈티지 귀달이 모자

알록달록한 색감과 독특한 디자인이 빈티지한 느낌을 연출하는 모자예요. 액세서리 하나만으로 특별한 옷차림을 완성하는 아이템입니다.
만들기는 p.64 참고

눈꽃 방울 모자

겨울옷이나 액세서리에 잘 사용하는
눈꽃 모양을 넣어 디자인했어요.
무늬만으로 예쁜 포인트가 되는
방울 비니랍니다.
만들기는 p.63 참고

꽈배기무늬 모자와 머플러

실 자체가 배색이 되어 있어 심플한 디자인으로도 알록달록 다양한 스타일을 연출하는 아이템이에요. 핑크 계열 컬러와 아이보리 컬러가 사랑스러운 모자와 머플러 세트예요.
만들기는 p.66(모자),
85(머플러) 참고

소노모노 모자

복슬복슬한 소노모노 실의 질감이
포근하고 따뜻한 느낌을 주는
비니입니다. 비슷한 톤의 두 가지 실을
섞어 차분하고 멋스러워요.
만들기는 p.67 참고

색색가지 모자

기본 비니 디자인에 큰 방울을 달아 포인트를 주었어요. 발랄한 느낌의 원색 실을 사용하면 경쾌하면서 귀여운 이미지를 잘 살릴 수 있습니다.
만들기는 p.68 참고

색색가지 머플러

가터뜨기 머플러는 겉뜨기만 반복하면 되므로 초보자들도 손쉽게 만들 수 있어요. 무늬가 쫀쫀해서 캐주얼한 차림에 간편하게 두르면 좋아요.
만들기는 p.76 참고

아이스버그 넥 워머

다양한 굵기와 컬러가 믹스된 아이스버그 실의 특성을 사용해 풍성한 넥 워머를 만들었어요. 겉뜨기만으로 완성할 수 있어 초보자도 손쉽게 뜬답니다.
만들기는 p.69 참고

알파카 넥 워머

알파카 특유의 부드럽고 가벼운
질감을 잘 살려 목에 꼭 맞게 둘러도
편안해요. 니트나 코트에 매치하면
더욱 고급스러운 분위기로
연출할 수 있습니다.
만들기는 p.70 참고

토끼털 넥 워머

토끼털의 따뜻하고 부드러운 질감을
잘 살린 넥 워머입니다. 털의 특성상
짜임이 드러나지 않으므로 단추를
달아 포인트를 주었어요.
만들기는 p.71 참고

믹스 뜨기 머플러 겸 넥 워머

다양한 뜨기와 꽈배기무늬가 믹스되어 핸드메이드의 고급스러움이 잘 살아납니다. 끝부분은 고리처럼 끼울 수 있어 넥 워머로도 연출할 수 있어요.
만들기는 p.72 참고

꼬임무늬 루스 롱 머플러

꽈배기무늬와 서로 다른 짜임을 넣어
풍성하면서 입체적으로 디자인했어요.
니트나 코트 위에 길게 늘어뜨리거나
여러 겹 둘러 연출하기 좋아요.
만들기는 p.73 참고

누에보 넥 워머

어느 옷에든 무난하게 연출할 수
있는 베이식한 디자인의 넥 워머예요.
굵직한 실의 질감이 도톰하면서
포근한 느낌을 선사합니다.
만들기는 p.74참고

모자 모양 넥 워머

모자나 머플러와 또 다른 느낌을 주는 넥 워머는 캐주얼하면서 발랄하게 연출할 수 있는 아이템이에요. 옷과 어울리는 계열색 또는 반대색으로 매치하면 멋진 룩이 완성되지요.
만들기는 p.75 참고

커플 머플러

아이보리와 브라운 컬러가 짝을 이룬 커플 머플러입니다. 남녀 모두에게 잘 어울리는 컬러라 바꿔 두르기도 좋아요. 심플한 짜임과 복합 실의 풍성한 느낌을 잘 살렸답니다.
만들기는 p.77 참고

방울 달린 무지개 머플러

마치 여러 색 실을 사용한 듯 알록달록한 무늬가 독특한 머플러예요. 다양한 색감과 끝에 달린 동그란 방울이 귀엽고 발랄한 분위기를 연출해줍니다.
만들기는 p.78 참고

소노모노 머플러

머플러 중간 중간마다 실의 질감과 컬러, 너비를 각기 다르게 디자인했어요. 목에 두를 때마다 새로운 분위기를 연출할 수 있는 유니크한 머플러랍니다.
만들기는 p.79 참고

램소프트 머플러

다른 컬러의 실을 2겹씩 사용해 고급스럽고 은은한 분위기로 완성했어요. 포근하고 부드러운 램소프트 실로 뜨면 디자인을 더욱 잘 살릴 수 있어요.
만들기는 p.80 참고

모노톤 머플러

기계로 짠 듯 정교한 패턴이 돋보이는 머플러예요. 입체적인 볼륨감이 매우 고급스럽고 멋있답니다.
만들기는 p.82 참고

알피나 울 머플러

클래식하면서 고급스러움을 더해주는
머플러로 정장 스타일에 잘 어울리는
디자인이에요. 너무 거창하지 않고
가볍고 단정하게 두를 수 있답니다.
만들기는 p.84 참고

별 모티브 삼각 숄 겸 머플러

어깨에 걸쳐 숄로 사용하거나 목에 둘러 루스한 머플러처럼 활용하세요. 별 모양 짜임새가 빈티지한 느낌이지요. 어려워 보이지만 코바늘로 모티브 하나만 짤 줄 알면 쉽게 완성할 수 있어요.
만들기는 p.87 참고

양털 귀마개

귀에 닿는 부분을 양털 느낌의 실로 동그랗게 떠서 이어 붙인 귀여운 스타일의 귀마개예요. 턱 아래로 끈을 묶어 연출하니 한결 소녀 같은 분위기가 난답니다. 머리 위로 둘러지는 부분과 끈으로 사이즈를 조절하세요.
만들기는 p.86 참고

커플 하트 장갑

커플이 각자 장갑을 끼고도
서로 손을 맞잡을 수 있도록
디자인했어요. 세상의 어떤 장갑보다도
따뜻한 하트 모양 장갑이랍니다.
만들기는 p.88 참고

모자 달린 코바늘 머플러

알록달록한 컬러감과 코바늘의 쫀쫀한 무늬가 어울려 유니크한 머플러랍니다. 추운 날 머플러 끝의 모자를 쓰면 보온 효과에 멋스러움까지 연출할 수 있어요.
만들기는 p.89 참고

내추럴한 모양의 간단 조끼

특별한 디테일 없이 자연스러운 실루엣으로 시크한 느낌을 연출하는 조끼입니다. 착용감도 편안해서 겨울철 실내에서 간편하게 걸치기에 좋아요.
만들기는 p.90 참고

보송보송 수면 양말

잠잘 때 신고 있으면 포근하게 감싸주는 느낌 때문에 잠이 솔~솔~ 오지요. 시중에 판매하는 수면 양말과 같은 실을 사용해서 리얼하게 만들어봤어요. 발 사이즈보다 조금 넉넉하게 떠서 발이 편하게 휴식을 취하도록 하세요.
만들기는 p.91 참고

꽈배기무늬 손목 워머

겨울에 케이프나 조끼 같이 팔이 노출되는 아우터를 입을 때 워머를 착용하면 정말 포근하답니다. 워머가 살짝씩 드러날 때마다 스타일 지수도 높일 수 있지요.
만들기는 p.95 참고

밀라노 빈티지 백

가방 몸통을 원형으로 만들어 넉넉한 수납이 가능한 실용적인 가방이에요. 뜨는 방법이 간단해 손쉽게 완성할 수 있답니다.
만들기는 p.94 참고

캐주얼 크로스백

언제 어디서나 간편하게 멜 수 있는 미니 크로스백으로, 포인트 백으로도 손색이 없어요. 꽃무늬가 새겨진 리넨과 빨간색이 어울려 빈티지한 느낌을 연출한답니다.
만들기는 p.92 참고

꽈배기무늬 덧신

소노모노 실로 만들어 부드럽고
보송보송해 맨발에 신어도
포근하답니다. 일반 덧신보다
보온성이 뛰어나 발이 찬 사람들이
신으면 더욱 좋아요.
만들기는 p.96 참고

펄키드 모자
p.30

[재료]

실
스카이(보라색) 100g,
펄키드(파란색) 50g

바늘
원형바늘 4.5mm,
돗바늘

부자재
방울 기계(지름 8cm)

게이지
23코×30단

[이렇게 만들어요!]

1. 4.5mm 원형바늘을 이용해 보라색 실로 100코를 잡는다.
2. 2코 고무뜨기로 원형뜨기해서 16cm를 뜬다.
3. 파란색 실로 바꿔서 2코 고무뜨기로 11cm를 뜬다.
4. 2코를 한 번에 떠서 코 줄이기를 해 50코로 만든다.
5. 남은 코는 돗바늘에 꿰어서 꽉 잡아당긴 다음 십자 모양으로 엮어 매듭짓는다.
6. 방울 기계를 이용해 방울을 만든 다음 돗바늘을 이용해 남은 실로 모자에 방울을 단다.

[tip]
방울 기계가 없을 경우에는 종이 상자를 잘라서 방울을 만들어줍니다.(p.27 참고)

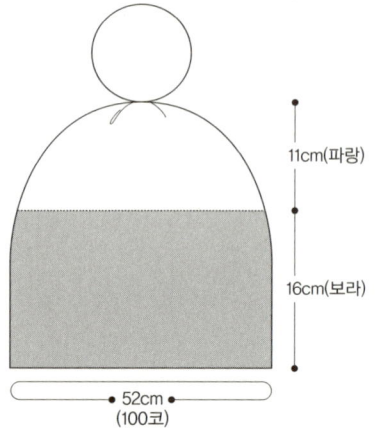

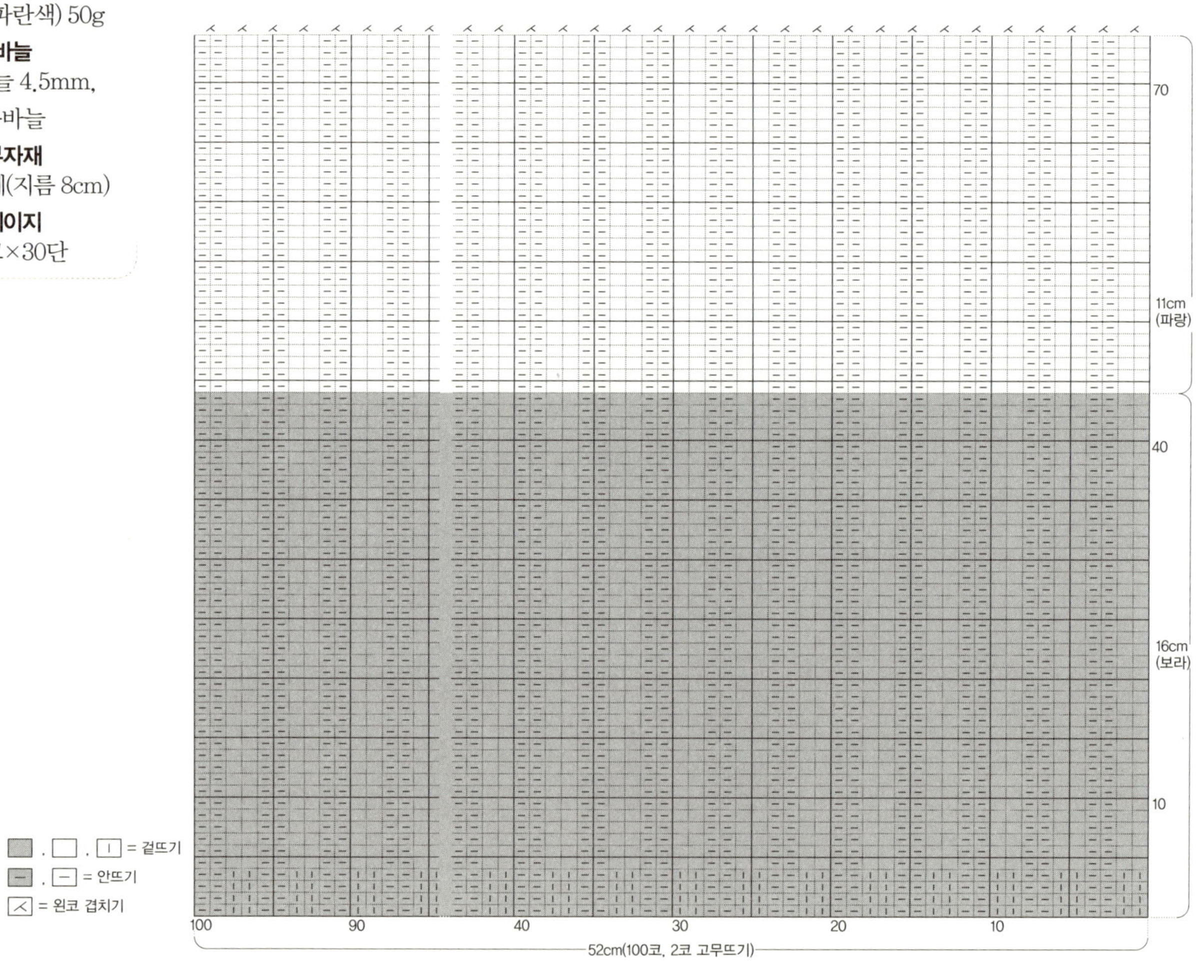

■ . □ . | = 겉뜨기
− . − = 안뜨기
＼ = 왼코 겹치기

눈꽃 방울 모자
p.33

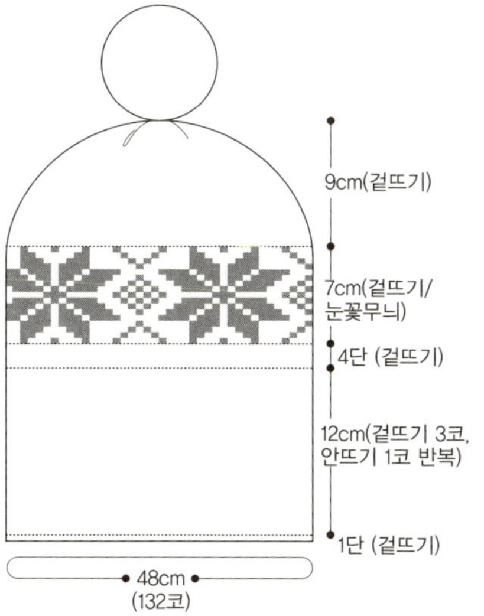

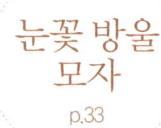

이렇게 만들어요!

1. 4mm 원형바늘을 이용해 아이보리색 실로 132코를 잡아 겉뜨기로 원형뜨기해 1단을 뜬다.
2. 겉뜨기 3코, 안뜨기 1코를 반복하여 1단을 뜬다.
3. 모양대로 12cm가 되도록 뜬 다음 겉뜨기 4단을 뜬다.
4. 눈꽃 모양 배색 무늬 넣기를 시작한다.(도안 참고)
5. 배색 무늬를 넣으며 겉뜨기로만 9cm를 뜬 다음 2코를 한 번에 떠서 코를 반으로 줄인다.
6. 남은 코는 돗바늘에 꿰어서 꽉 잡아당긴 다음 십자 모양으로 엮어 매듭짓는다.
7. 밤색 실로 방울 기계를 이용하여 방울을 만들어 단다.

재료

실
울필드(아이보리색) 80g, 울필드(밤색) 40g

바늘
원형바늘 4mm, 돗바늘

부자재
방울 기계(지름 8cm)

게이지
23코×28단

- ■ . □ . | = 겉뜨기
- — = 안뜨기
- ⁄ = 왼코 겹치기

빈티지 귀달이 모자
p.32

재료

실
베네치아(녹색) 150g

바늘
코바늘 8호, 돗바늘

부자재
방울 기계(지름 8cm)

이렇게 만들어요!

원형

1. 원형 안에 무늬 8개를 뜬다.(빼뜨기하지 않고 그다음 단으로 간다.) 시작코에 단수 표시 링을 꽂아두면 편하다.
2. 무늬와 무늬 사이에 2무늬씩 떠서 총 16무늬를 만든다.
3. 1무늬, 2무늬 뜨기를 반복하면서 1단을 뜬다.(24무늬)
4. 1무늬, 2무늬, 2무늬 뜨기를 반복하면서 1단을 뜬다.(32무늬)
5. 1무늬, 1무늬, 1무늬, 2무늬 뜨기를 반복하면서 1단을 뜬다.(40무늬)
6. 40무늬를 늘림 없이 코마다 6단을 뜬다.

귀

1. 8무늬로 귀 위치를 잡아 시작한다. 앞은 21cm, 뒤는 14cm를 띄고 양쪽으로 귀 위치를 잡아준다.
2. 양쪽에서 1무늬씩 줄여 6무늬를 뜬다.(끝에서 사슬 3코를 올린다.)
3. 4무늬만 뜬다.
4. 2무늬만 뜬다.
5. 1무늬로 끝낸다.
6. 총 테두리를 그림과 같이 전체에 둘러준다.(p.65 박스 안의 도안 참고)

끈

1. 실을 100cm 길이로 22가닥을 잘라서 반으로 접은 다음 양쪽 귀 부분 중심에 넣어서 구멍을 만들어 뺀다.
2. ①의 실을 구멍에 고정시켜서 30cm가량 땋은 다음 수술을 10cm 정도 남기고 실로 묶어서 마무리한다.

변형 긴뜨기 3코 구슬뜨기

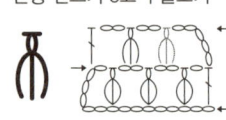 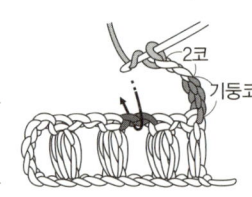 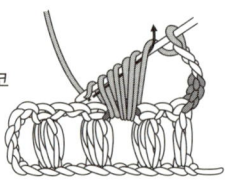 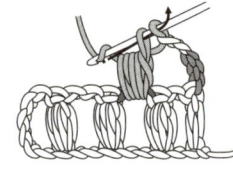 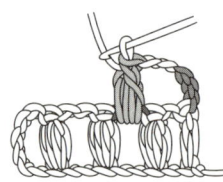

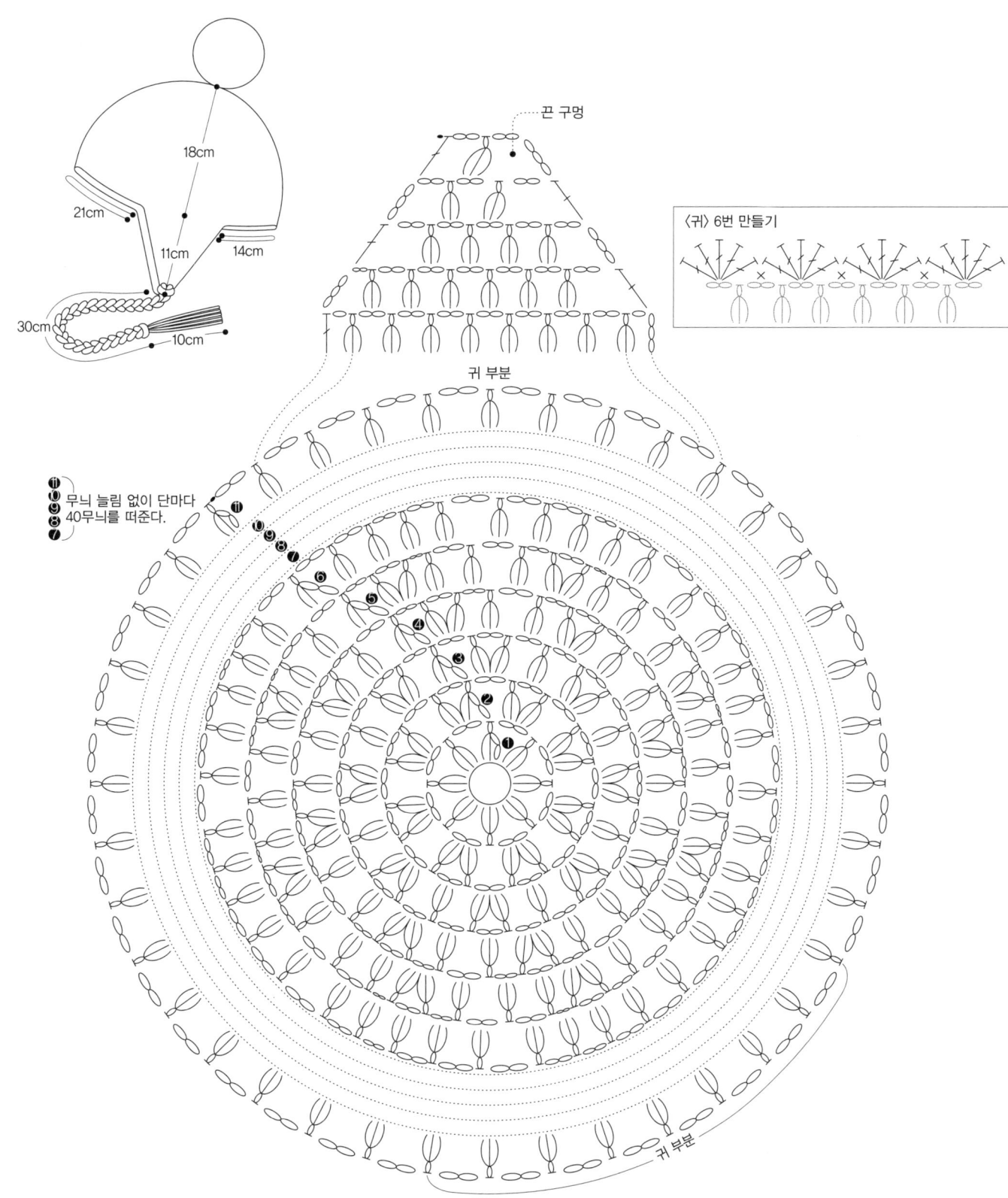

꽈배기무늬 모자
p.34

재료
실
메가(복합 분홍색) 160g
바늘
대바늘 7mm, 돗바늘
부자재
방울 기계(지름 8cm)
게이지
11코×16단

이렇게 만들어요!

1. 7mm 대바늘을 이용해 60코를 잡아서 겉뜨기로 원형뜨기해 1단을 뜬다.
2. 겉뜨기 1코, 안뜨기 2코 뜨기를 1세트로 반복해서 5cm를 뜬다.
3. 겉뜨기로 1단을 뜨면서 20코를 늘린다. 2코 뜨고 1코 늘리기(오른코 늘리기)를 반복해 80코로 만든다.
4. 겉뜨기 6코에서 3/3 꽈배기무늬를 넣고, 안뜨기 4코를 뜬 다음 다시 겉뜨기 6코에서 3/3 꽈배기무늬를 반복해서 넣는다.
5. 꽈배기무늬는 8단마다 넣고 모양대로 18cm를 뜬다. 꽈배기무늬가 들어가지 않는 단은 겉뜨기하면 된다.
6. 2코를 한꺼번에 떠서 코를 반으로 줄인 다음 남은 코는 돗바늘에 꿰어서 꽉 잡아당기고 십자 모양으로 엮어 매듭짓는다.
7. 방울 기계를 이용하여 방울을 만들어 단다. (p.26~27 참고)

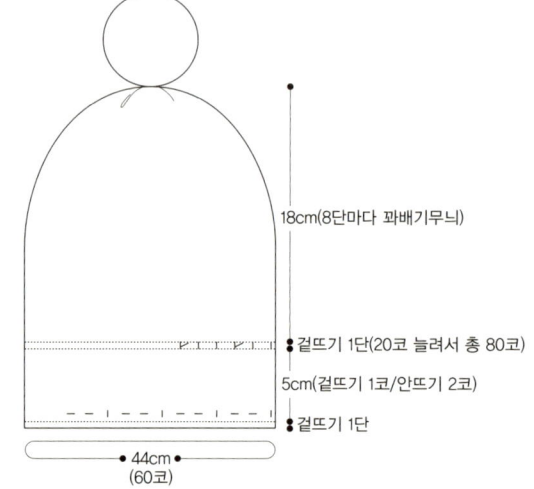

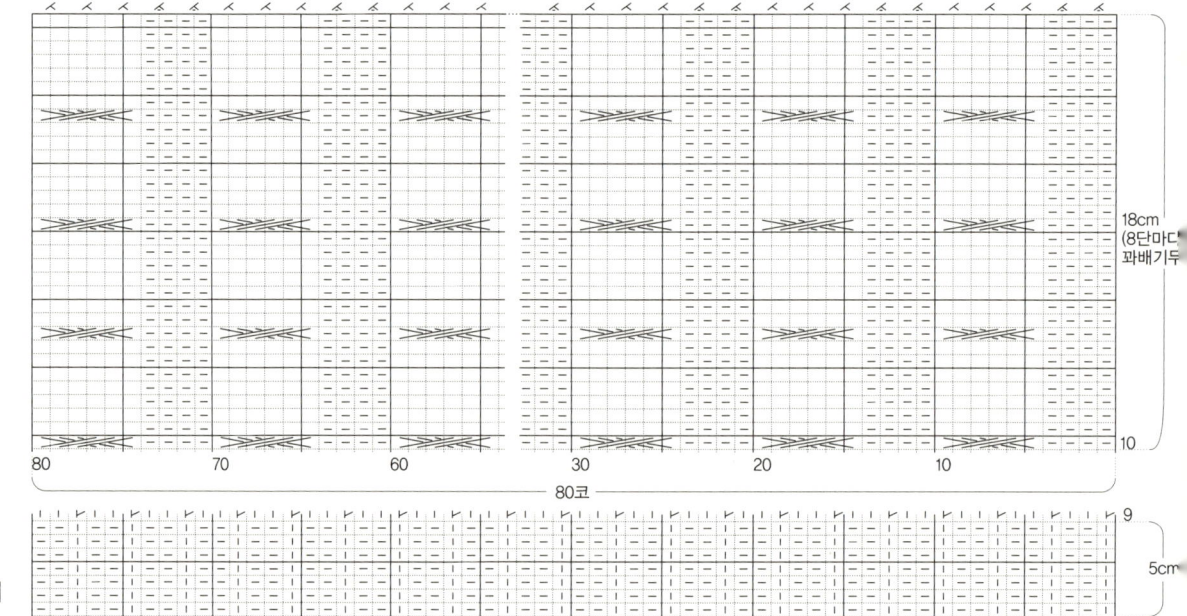

□ . | = 겉뜨기
— = 안뜨기
∨ = 오른코 늘리기
= 왼쪽 위 3코 교차뜨기

이렇게 만들어요!

1. 7mm 원형바늘을 이용해 진회색 실로 76코를 잡는다.
2. 겉뜨기로 원형뜨기해 1단을 뜨고 2코 고무뜨기로 16cm를 뜬다.
3. 복합 밤색 실로 바꿔서 2코 고무뜨기로 11cm를 뜬다.
4. 2코를 같이 떠서 반으로 코 줄이기를 한다. 총 두 번을 줄인다.
5. 남은 코는 돗바늘에 꿰어서 꽉 잡아당긴 다음 십자 모양으로 엮어 매듭짓는다.
6. 진회색 실로 방울을 만들어서 단다.(p.26~27 참고)
7. 돗바늘로 실밥을 정리한다.

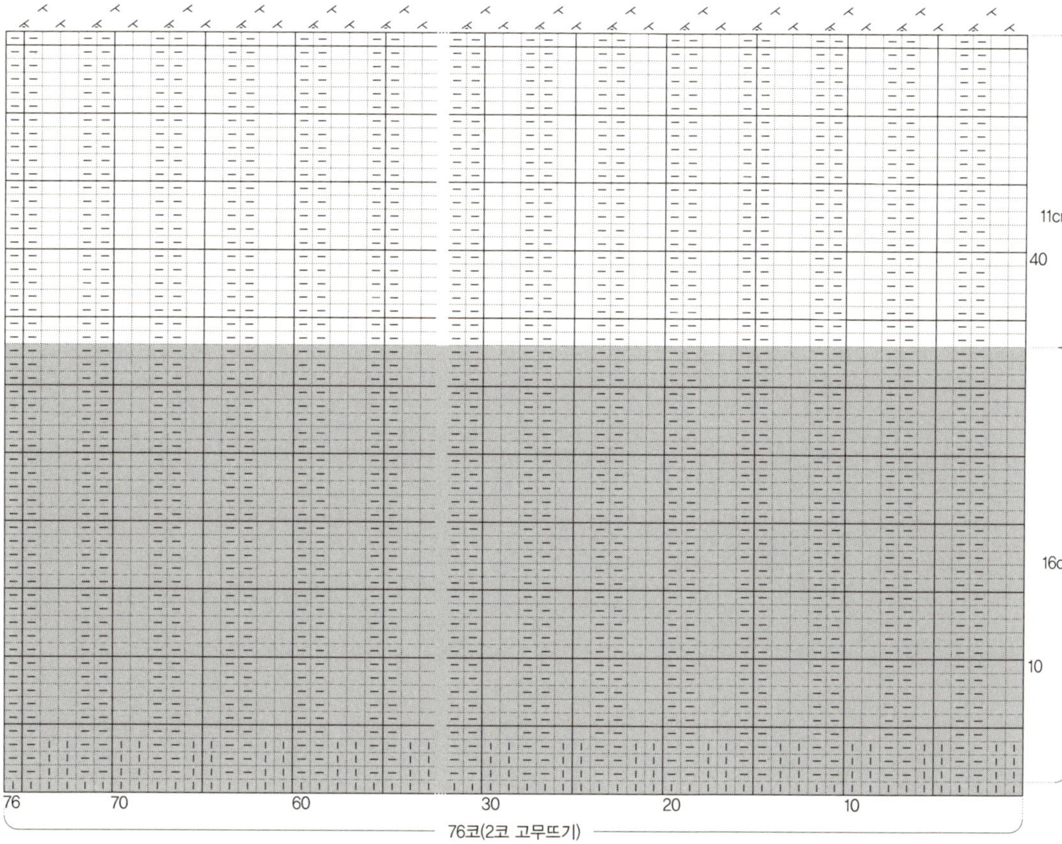

소노모노 모자
p.35

재료

실
소노모노(진회색) 80g,
소노모노(복합 밤색)
40g

바늘
원형바늘 7mm, 돗바늘

부자재
방울 기계(지름 8cm)

게이지
12코×16단

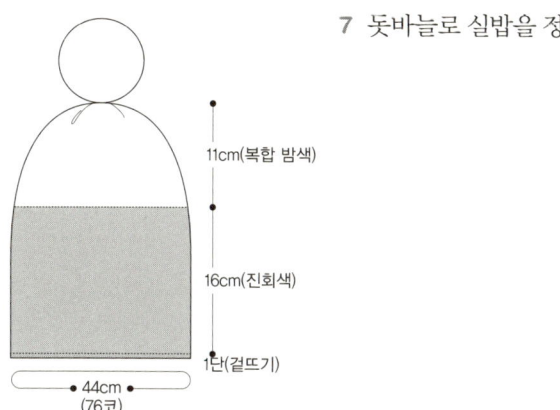

□ . □ . Ⅰ = 겉뜨기
— . — = 안뜨기
⋌ = 왼코 겹치기
⋌ = 왼코 겹치기(안뜨기 경우)

색색가지 모자
p.36

재료

실
이프리(빨간색, 분홍색,
아이보리색, 청록색,
녹색, 노란색, 보라색,
연두색) 각각 250g씩

바늘
원형바늘 7mm, 돗바늘

부자재
방울 기계(원하는
사이즈로 준비)

게이지
13코×20단

이렇게 만들어요!

1. 7mm 원형바늘을 이용해 68코를 잡는다.
2. 2코 고무뜨기로 원형뜨기해 12cm를 뜬 다음 메리야스뜨기(겉뜨기)로 18cm를 뜬다.
3. 2코를 같이 떠서 코 줄이기를 한 다음 한 번 더 반으로 코를 줄인다. 즉, 총 2단에 걸쳐 코 줄이기를 한다.
4. 남은 코는 돗바늘에 꿰어서 꽉 잡아당긴 다음 십자 모양으로 엮어 매듭짓는다.
5. 방울은 작은 것부터 순서대로 만들어서 달고, 큰 방울은 왕방울 기계로 만든 다음 조금씩 다듬어서 크기를 맞춘다.

tip
기본 비니로 초보자들에게 적극 추천하는 디자인이며, 소노모노 모자 사진을 참고하시면 도움이 됩니다.

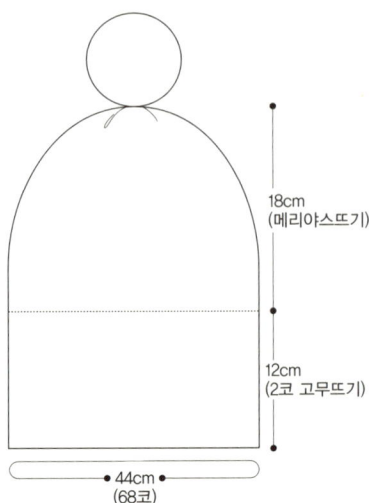

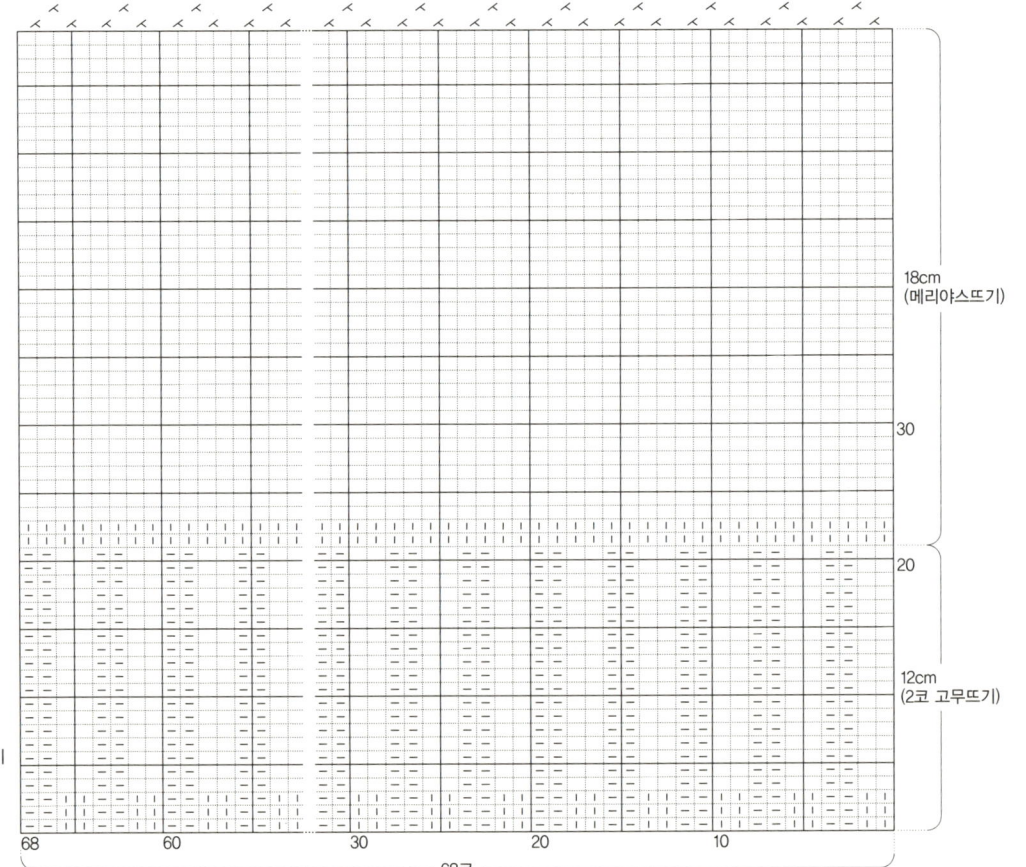

아이스버그 넥 워머
p.38

이렇게 만들어요!

1. 8mm 대바늘을 이용해 66코를 잡아서 원형을 만든다.
2. 지름 50cm가 될 때까지 겉뜨기한 다음 느슨하게 코막음한다.

tip
이 넥 워머는 느슨하게 만들어야 착용했을 때 피트가 살아납니다. 평소 빡빡하게 뜨는 분들은 바늘을 한 호수 큰 것으로 사용하세요.

재료

실
아이스버그 100g

바늘
대바늘 8mm, 돗바늘

게이지
11코×14단

사이즈
55cm×50cm

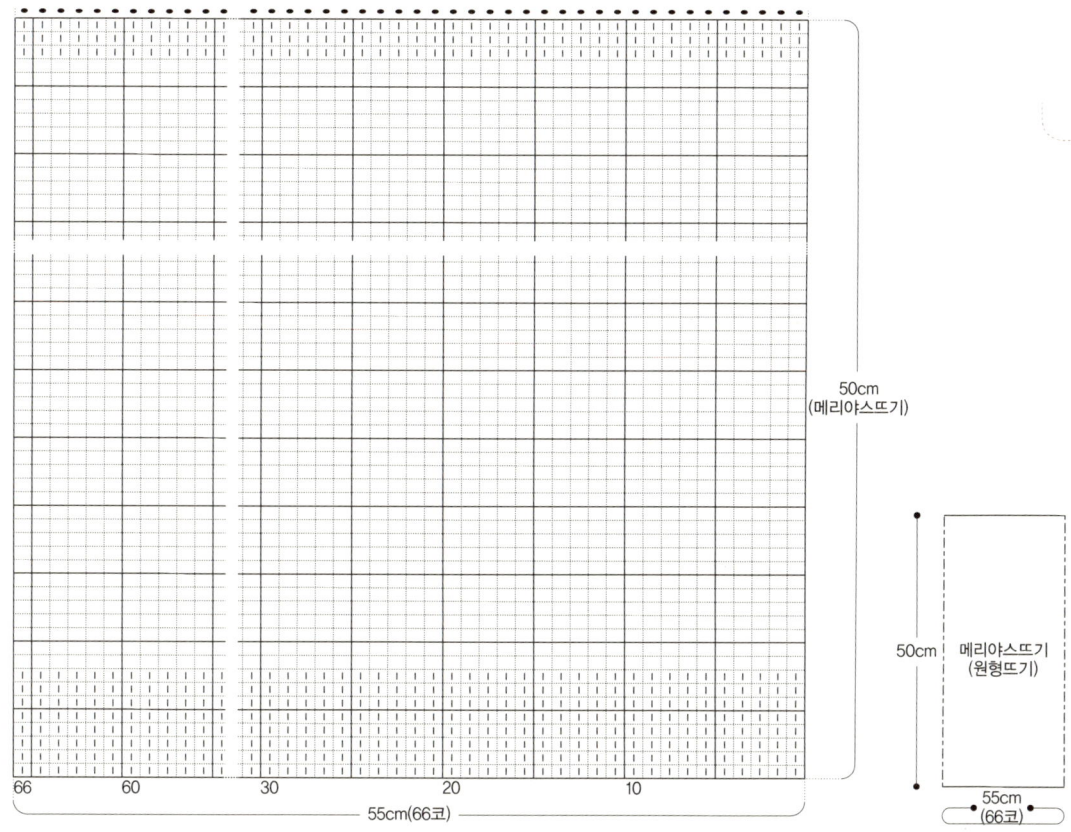

☐ , │ = 겉뜨기

알파카 넥 워머
p.39

재료

실
알파카(비네트) 160g,

바늘
대바늘 5mm, 돗바늘

게이지
14코×21단

사이즈
44cm×124cm

이렇게 만들어요!

1. 5mm 대바늘을 이용해 60코를 잡는다.
2. 메리야스뜨기로 124cm를 뜬 다음 코막음한다.
3. 세모 그림끼리 맞닿게 연결한 다음 양 끝단을 돗바늘로 꿰매어 시작과 끝 부분을 연결한다. 돗바늘로 꿰매기 전 안쪽에서 스팀다리미로 다림질한다.

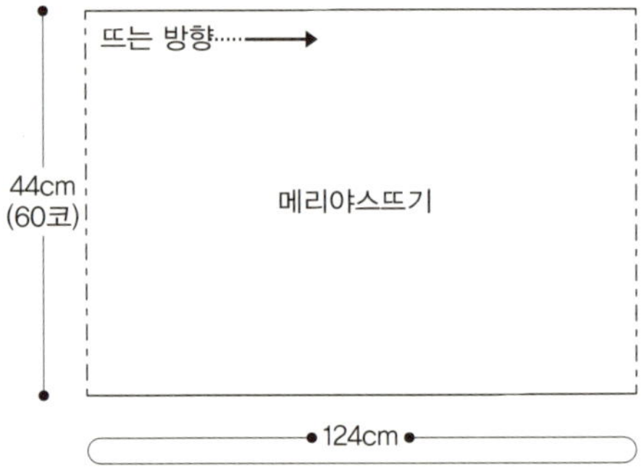

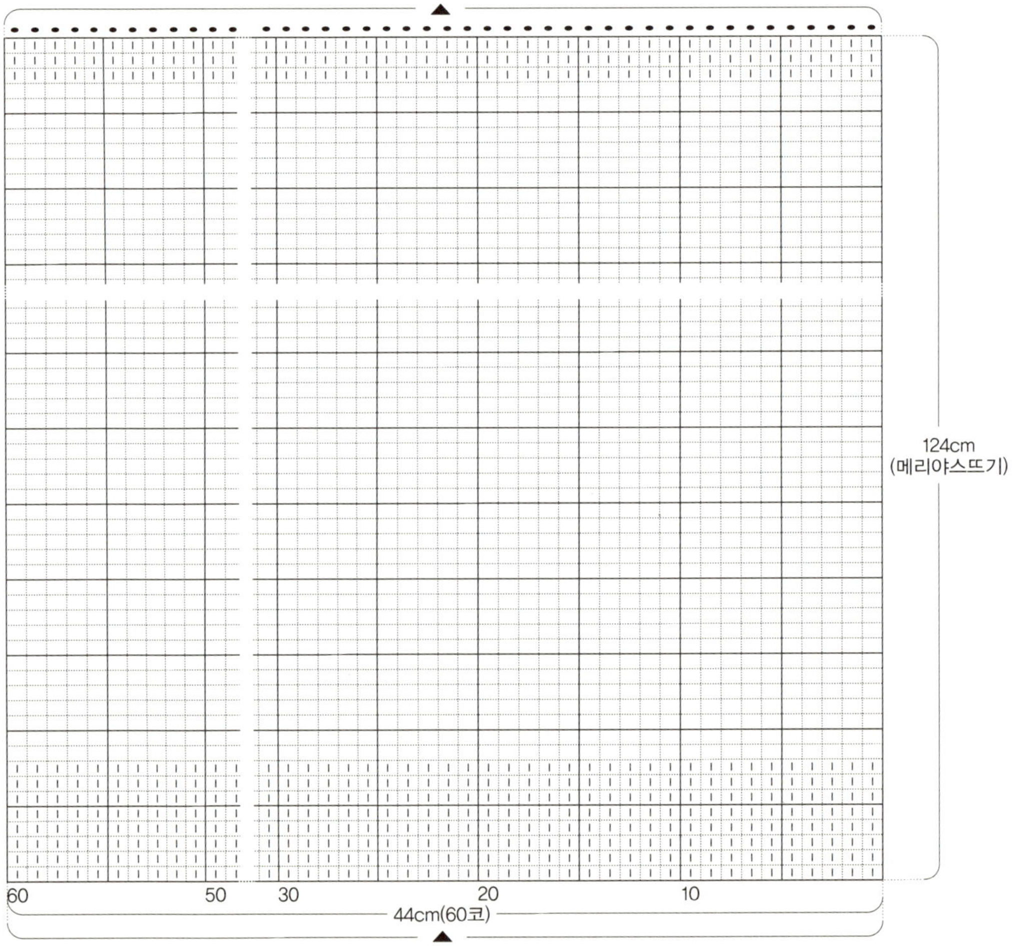

□, I = 겉뜨기

이렇게 만들어요!

1. 8mm 대바늘을 이용해 12코를 잡아서 가터뜨기로 49cm를 뜬다.
2. 코막음으로 마무리한 다음 돗바늘을 이용해 실밥을 정리한다.
3. 한쪽에 단추 2개를 단다.

tip
토끼털의 특성상 드라이클리닝으로 관리해주는 것이 좋습니다.

토끼털 넥 워머
p.40

재료
실
토끼털(보라색) 100g
바늘
대바늘 8mm, 돗바늘
부자재
단추 2개
게이지
11코×14단
사이즈
15cm×49cm

49cm 가터뜨기
15cm (12코)

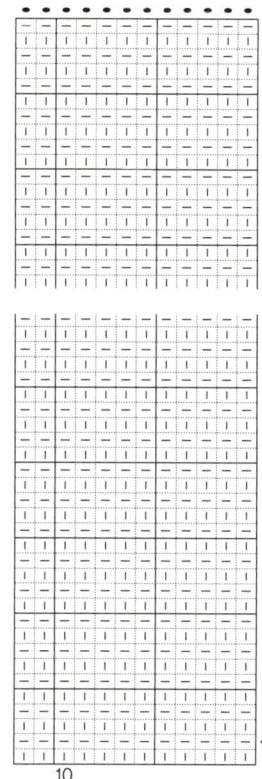

☐, ⎸ = 겉뜨기
⎯ = 안뜨기

◀ 도안은 앞에서 본 모양을 표시한 것이므로 뒤로 돌려 뜨는 짝수 단은 기호 모양과 반대인 겉뜨기로 뜬다.

믹스 뜨기 머플러 겸 넥 워머
p.41

재료

실
액센트(진회색) 240g,
매직클래식(진회색) 30g

바늘
대바늘 6mm, 코바늘,
돗바늘

게이지
14코×20단

사이즈
24cm×79cm

이렇게 만들어요!

1. 6mm 대바늘을 이용해 액센트 실을 2겹으로 잡아서 42코를 뜬다.
2. 6코 가터뜨기, 12코 메리야스뜨기, 6코 가터뜨기, 12코 메리야스뜨기, 6코 가터뜨기를 1세트로 해서 3단을 완성한다.
3. 4단부터 12코 메리야스뜨기했던 부분에 꽈배기무늬를 시작해서 10단째마다 꽈배기무늬를 넣는다.
4. 79cm를 뜬 다음 진회색 실로 바꿔서 양쪽으로 14코씩 남기고 14코 코막음한다.
5. 다음 단에서 코막음한 부분에 감아코 14코를 만든다.
6. 진회색 실로 6cm씩 15단을 가터뜨기한 다음 코막음으로 마무리한다.
7. 코바늘을 이용해 진회색 실로 시작 부분에 1단 빼뜨기를 한다.

tip
모양을 잘 살리기 위해 스팀다리미로 모양을 잡아주는 것이 좋고, 드라이클리닝으로 관리합니다.

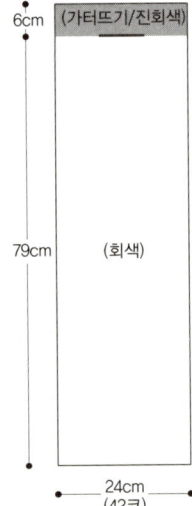

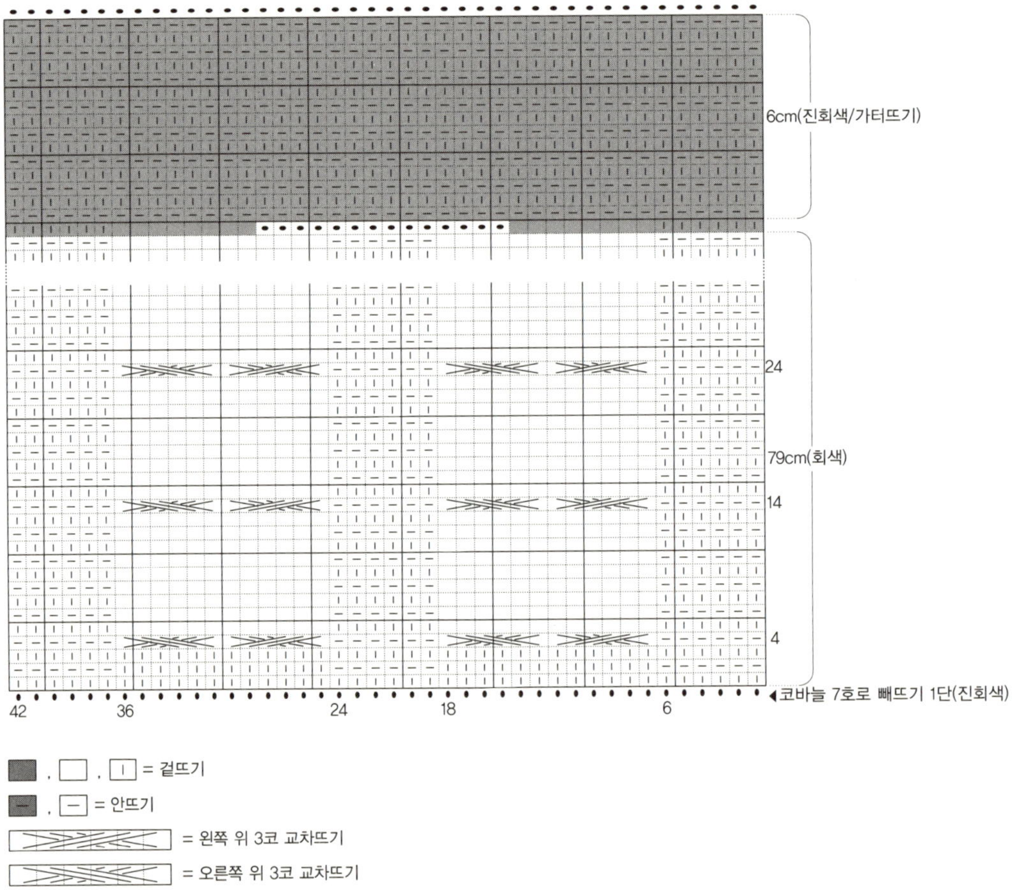

■ . □ . Ⅰ = 겉뜨기
■ . ─ = 안뜨기
= 왼쪽 위 3코 교차뜨기
= 오른쪽 위 3코 교차뜨기

이렇게 만들어요!

1. 8mm 대바늘을 이용해 40코를 잡은 다음 양끝 5코는 가터뜨기하고 가운데 30코는 메리야스뜨기해 총 8단을 뜬다.
2. 양쪽 5코는 계속 가터뜨기한다. 가운데 30코 중 15코는 꽈배기핀에 꽂아 뒤로 놓고 바늘에 있는 15코를 겉뜨기한 다음 꽈배기핀에 있는 15코는 겉뜨기로 뜬다.
3. 30단째마다 꽈배기무늬를 넣는다.
4. 길이가 180cm 정도 될 때까지 뜬다.
5. 마지막 꽈배기무늬를 만든 다음 8단을 ①과 같이 무늬대로(양끝 5코는 가터뜨기, 가운데 30코는 메리야스뜨기) 뜬다.
6. 코막음으로 마무리하고 돗바늘로 실밥을 정리한다.

tip
스팀다리미로 모양을 잡아준 다음 드라이클리닝으로 관리해줍니다.

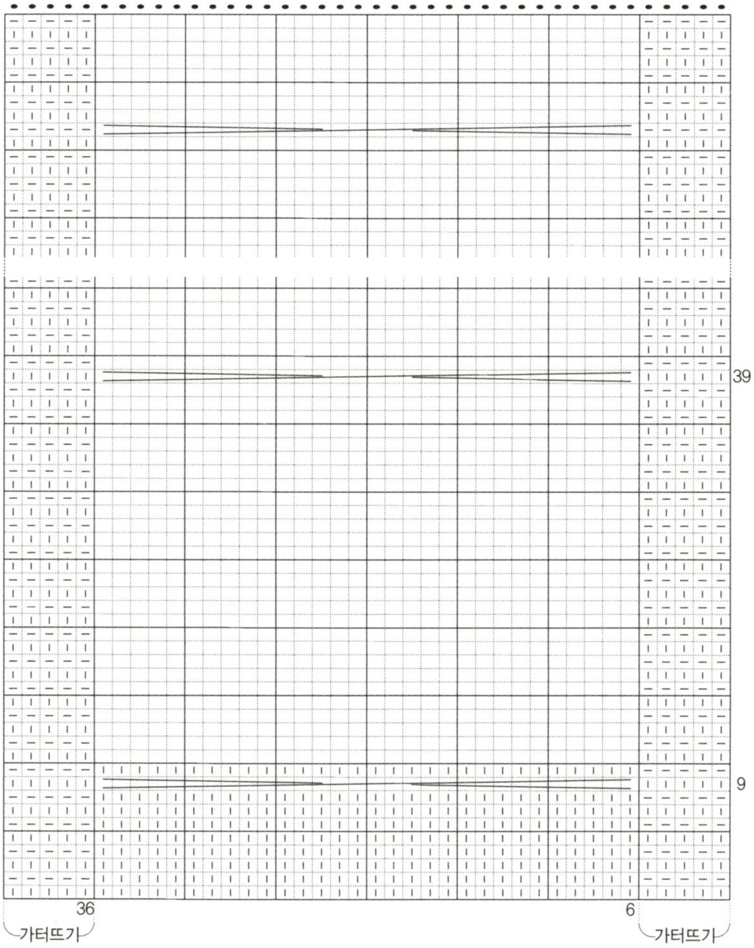

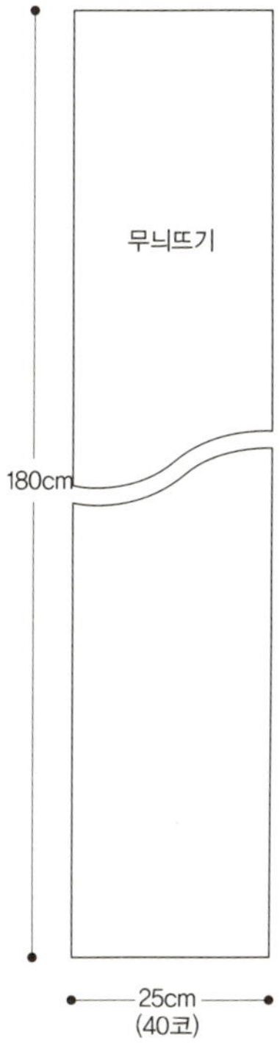

꼬임무늬 루스 롱 머플러
p.42

재료

실
듀네(민트색) 500g

바늘
대바늘 8mm, 돗바늘

부자재
꽈배기핀

게이지
10코×14단

사이즈
25cm×180cm

. | = 겉뜨기
— = 안뜨기
= 왼쪽 위 15코 교차뜨기

누에보 넥 워머
p.43

재료
실
누에보(남색) 250g
바늘
대바늘 6mm, 돗바늘
게이지
14코×20단
사이즈
20cm×130m

이렇게 만들어요!

1. 6mm 대바늘을 이용해 42코를 잡는다.(3의 배수로 코잡기)
2. 첫 번째 코는 걸러뜨기한 다음 실을 돌리지 않고 겉뜨기 2코를 같이 뜬다.(도안 참고)
3. ②와 같은 방법으로 130cm 정도 뜨고 코막음한다.
4. 코막음할 때 안뜨기로 1코를 뜨고 걸려 있는 2코는 같이 떠서 엎는다.
5. 돗바늘로 시작과 끝 부분을 연결한다.

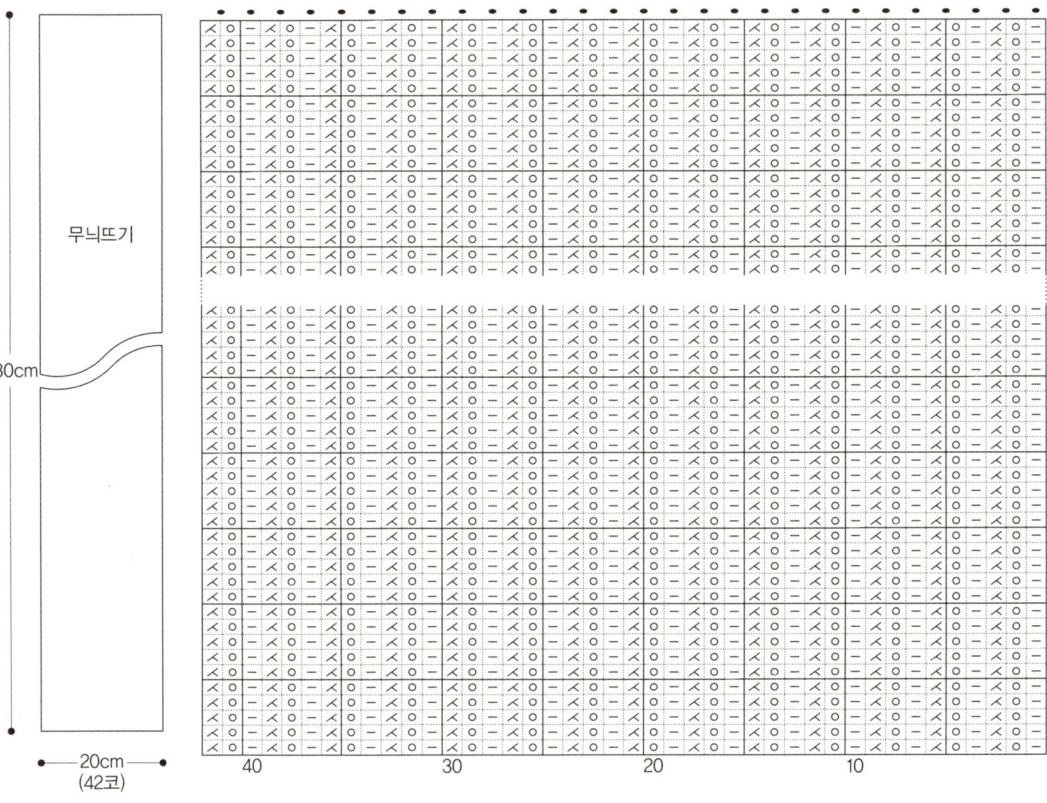

모자 모양 넥 워머
p.44

이렇게 만들어요!

1. 10mm 대바늘을 이용해 54코를 잡은 다음 안뜨기로 시작해 메리야스뜨기로 3단을 뜬다.
2. 2코 고무뜨기로 10cm를 뜬다.
3. 메리야스뜨기로 3단을 뜬 다음 2-4-1, 2-3-1, 2-2-1 순으로 코 줄이기를 한다. 양쪽에서 9코씩 줄어든다.
4. 코 줄이기가 끝나면 메리야스뜨기로 30cm를 뜬다.(메리야스뜨기한 첫 부분부터 30cm를 잰다.-도안 참고)
5. 중심 2코를 만들어 양쪽에서 2-1-2로 코 줄이기를 한다. 총 4코가 줄어든다.
6. 코막음한 다음 반으로 접어서 돗바늘로 꿰맨다.
7. 앞 라인은 76코를 잡아서 2코 고무뜨기하고, 시작과 끝 부분 각각 3코는 겉뜨기한다.
8. 2코 고무뜨기로 7cm를 뜬 다음 메리야스뜨기로 6단을 뜨고 코막음한다.
9. 끈은 2코를 잡아 첫 코를 걸러뜨기하면서 메리야스뜨기로 120cm를 뜬다.(p.135 '끈 만들기' 참고)
10. 앞 라인 부분에 끈을 넣고 메리야스뜨기한 부분을 돗바늘로 꿰맨다.
11. 단추 2개의 위치를 잡고 고정시킨다.
12. 돗바늘로 실밥을 정리한다.

tip
헐렁하게 만들어서 늘어지는 느낌을 최대한 살려줍니다.

재료
실
듀네(회하늘색) 250g
바늘
대바늘 10mm, 돗바늘
부자재
단추 2개
게이지
9코×10단
사이즈
50cm

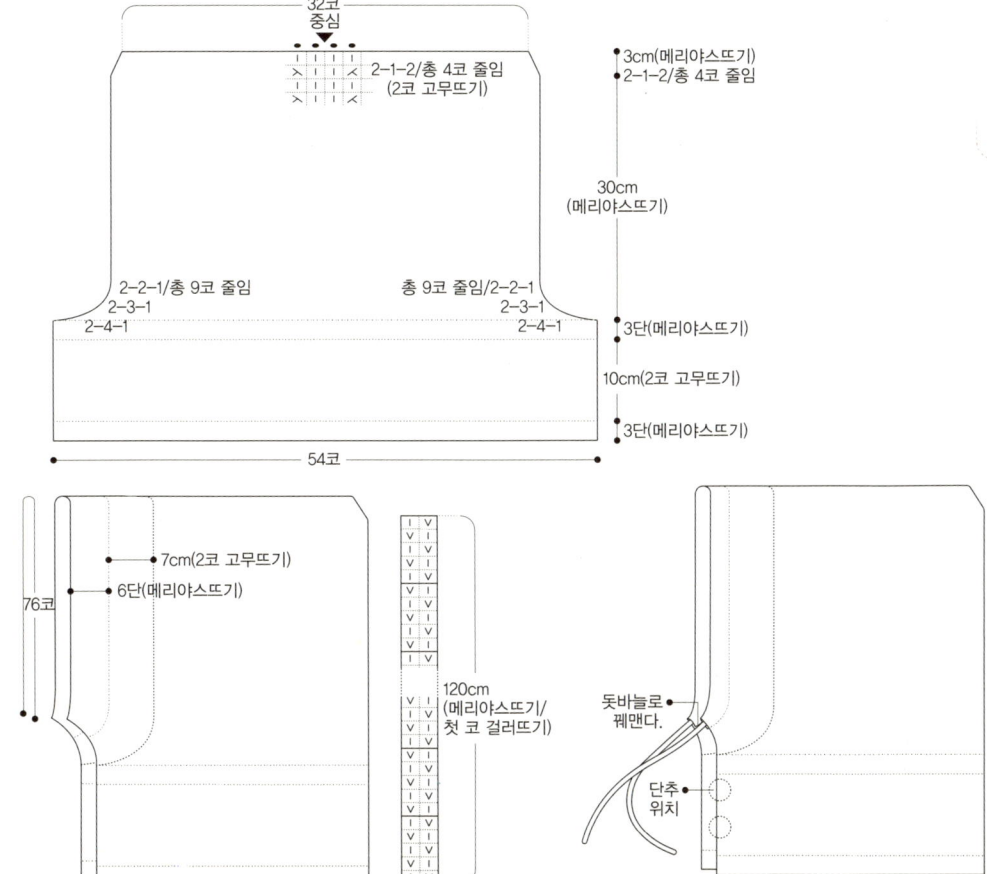

색색가지 머플러
p.36

이렇게 만들어요!

1. 7mm 대바늘을 이용해 28코를 잡아서 가터뜨기로 200cm를 뜬다.
2. 첫 코는 걸러뜨기한다.
3. 코막음으로 마무리하고 돗바늘로 실밥을 정리한다.

tip
- 스팀다리미로 다려서 다듬 모양을 잡아주고, 드라이클리닝으로 관리해줍니다.
- 머플러는 굵은 바늘로 뜨면 더 부드럽고 빈티지한 느낌을 낼 수 있어요. 평소에 실을 빡빡하게 뜨는 편이라면 한 호수 정도 높은 바늘을 선택하고, 느슨하게 뜬다면 한 호수 낮은 바늘을 선택합니다.

재료

실
이프리(빨간색, 분홍색, 아이보리색, 청록색, 녹색, 노란색, 보라색, 연두색) 각각 300g씩

바늘
대바늘 7mm, 돗바늘

게이지
13코×20단

사이즈
21cm×200cm

| = 겉뜨기
− = 안뜨기

▶ 도안은 앞에서 본 모양을 표시한 것이므로 뒤로 돌려 뜨는 짝수 단은 기호 모양과 반대인 겉뜨기로 뜬다.

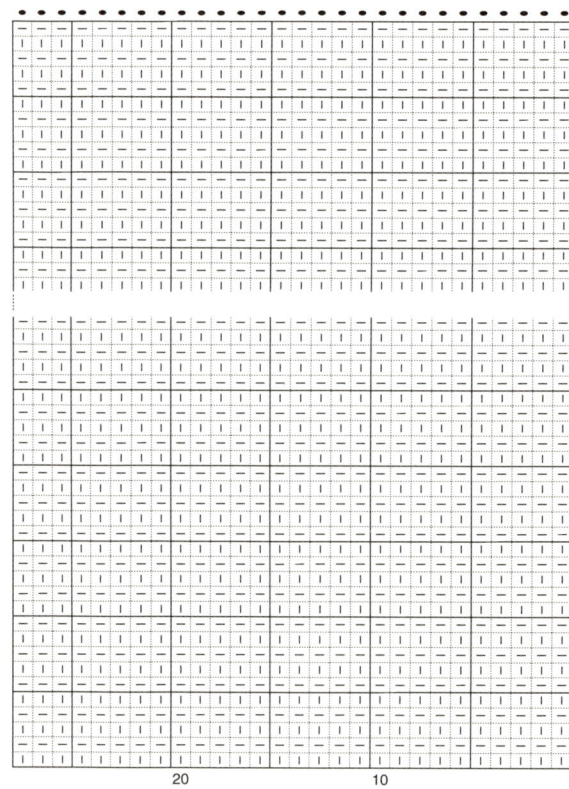

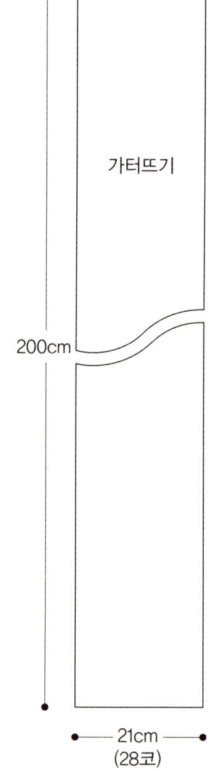

이렇게 만들어요!

1. 10mm 대바늘을 이용해 30코를 잡아서 첫 코를 걸러뜨기한다.
2. 겉뜨기 1코, 안뜨기 2코, 겉뜨기 2코를 반복하면서 1단을 완성한다. 마지막은 겉뜨기 2코로 끝난다.
3. 다음 단도 마찬가지로 첫 코는 안뜨기로 시작하므로 안뜨기 방향으로 걸러뜨기한 다음 안뜨기로 1코를 뜨고 이어서 모양대로 뜬다.(매 단마다 첫 코는 걸러뜨기한다.)
4. 2코 고무뜨기로 200cm를 뜬 다음 코막음으로 마무리한다.
5. 돗바늘로 실밥을 정리한다.

커플 머플러
p.45

재료

실
메가(복합 아이보리색, 복합 밤색)
각각 400g씩

바늘
대바늘 10mm, 돗바늘

게이지
10코×15단

사이즈
25cm×200cm

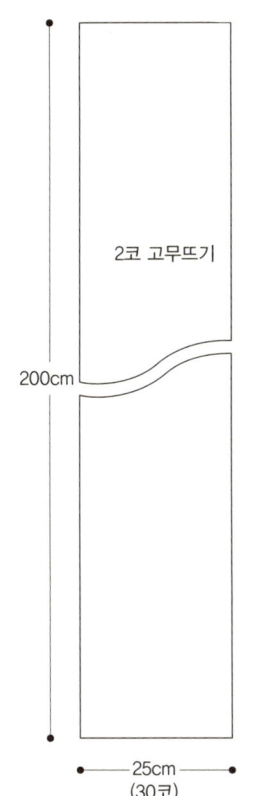

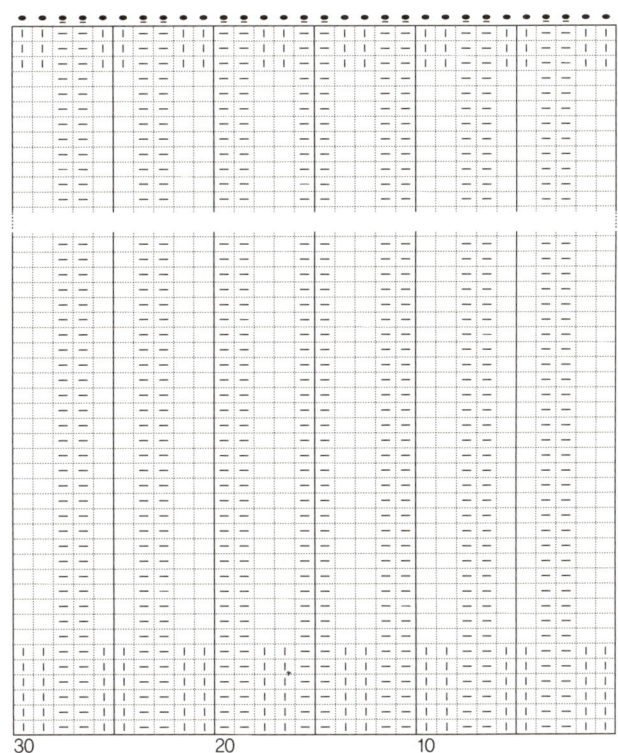

□, │ = 겉뜨기
─ = 안뜨기

방울 달린 무지개 머플러
p.46

재료

실
베네치아(복합 자주색, 복합 녹색) 각각 400g씩

바늘
대바늘 7mm, 돗바늘

부자재
방울 기계(지름 10cm)

게이지
12코×15단

사이즈
21cm×176cm

이렇게 만들어요!

1. 7mm 대바늘을 이용해 50코를 잡아서 첫 코는 걸러뜨기한다.
2. 겉뜨기 1코, 안뜨기 2코, 겉뜨기 2코를 반복하면서 1단을 완성한다. 마지막은 겉뜨기 2코로 끝난다.
3. 다음 단도 마찬가지로 첫 코는 안뜨기로 시작하므로 안뜨기 방향으로 걸러뜨기한 다음 안뜨기로 1코를 뜨고 이어서 모양대로 뜬다. (매 단마다 첫 코는 걸러뜨기한다.)
4. 2코 고무뜨기로 176cm를 뜬 다음 코막음으로 마무리한다.
5. 돗바늘로 실밥을 정리한다. p.26~27을 참고하여 방울을 만들어 단다.

tip
머플러를 둘렀을 때 방울이 양쪽 앞으로 오도록 달아줍니다.(도안 참고)

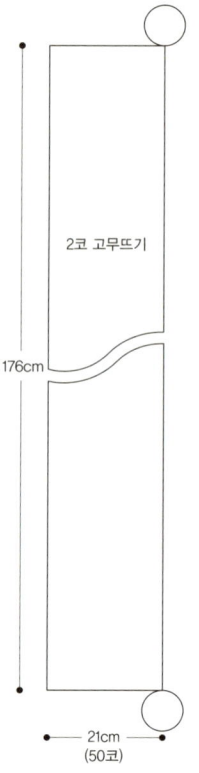

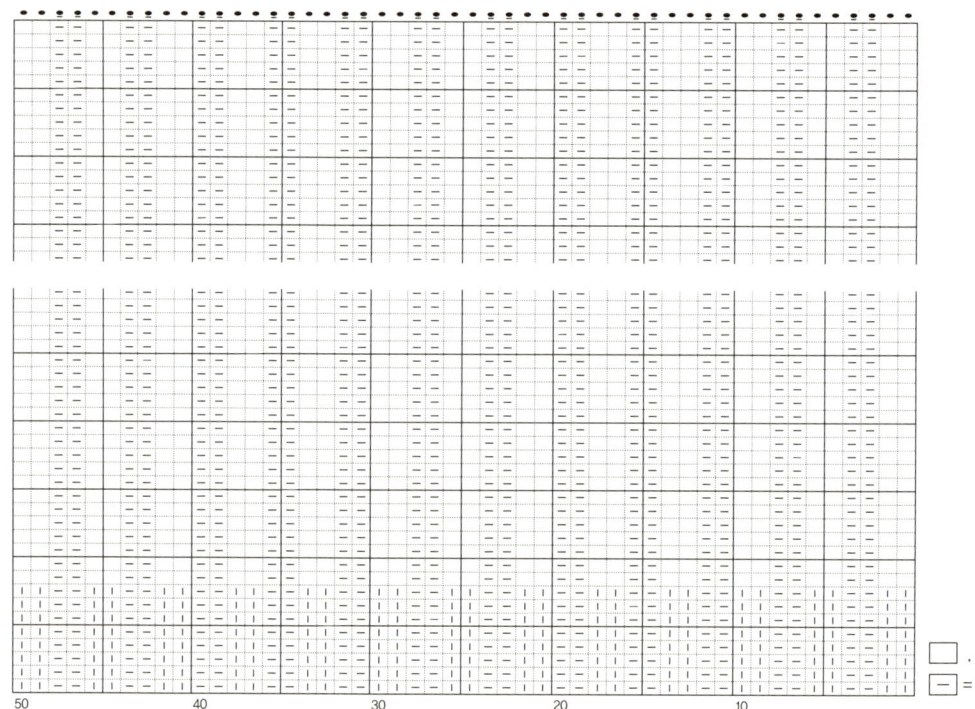

□, │ = 겉뜨기
─ = 안뜨기

이렇게 만들어요!

1. 8mm 대바늘을 이용해 슬러브 회색 실로 30코를 잡아서 2코 고무뜨기로 12cm를 뜬다. (가로 19cm)
2. 밤색 실로 바꿔 가터뜨기로 25cm를 뜬다. (가로 27cm)
3. 복합 회색 실로 바꿔 2코 고무뜨기로 42cm를 뜬다. (가로 12cm)
4. 아이보리색 실로 바꿔 가터뜨기로 28cm를 뜬다. (가로 27cm)
5. 복합 회색 실로 바꿔 2코 고무뜨기로 42cm를 뜬다. (가로 12cm)
6. 밤색 실로 바꿔 가터뜨기로 28cm를 뜬다. (가로 27cm)
7. 슬러브 회색 실로 바꿔 2코 고무뜨기로 12cm를 뜬다. (가로 19cm)
8. 코막음으로 마무리하고 수술을 단다. (p.24 참고)

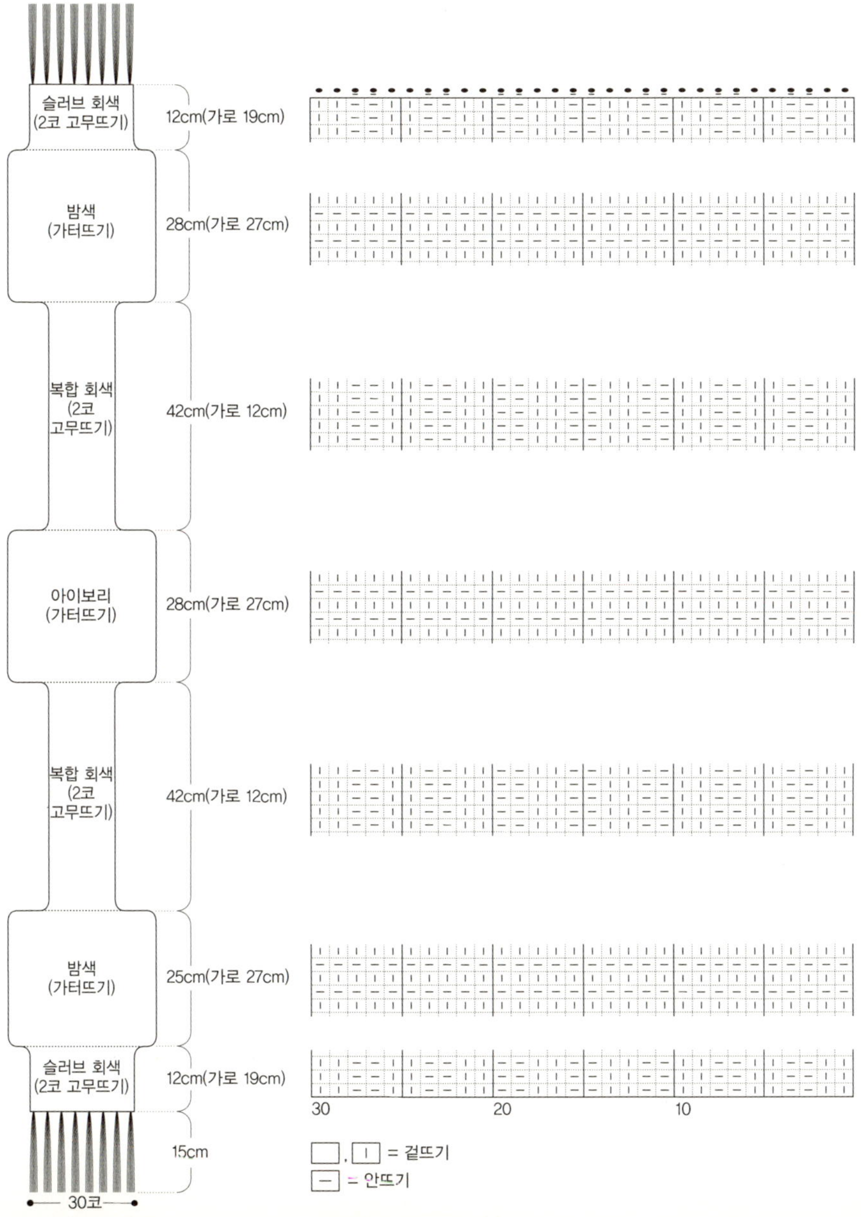

소노모노 머플러
p.47

재료

실
링구(아이보리색) 40g,
링구(밤색, 복합 회색,
슬러브 회색) 각각 80g

바늘
대바늘 8mm,
코바늘 7호, 돗바늘

게이지
11코×16단

사이즈
전체 길이 189cm
수술 길이 15cm

□, | = 겉뜨기
− = 안뜨기

램소프트 머플러
p.48

재료

실
램소프트(밤색, 보라색, 분홍색, 회색, 진회색) 각각 40g씩, 램소프트(카키색) 160g, 램소프트(파란색) 80g
※모든 실은 2겹으로 사용.

바늘
대바늘 8mm, 돗바늘

게이지
14코×24단

사이즈
25cm×250cm

이렇게 만들어요!

1. 8mm 대바늘을 이용해 밤색 1겹, 카키색 1겹씩 2겹으로 34코를 잡는다.
2. 겉뜨기 2코, 안뜨기 2코, 겉뜨기 2코, 안뜨기 2코, 겉뜨기 18코, 안뜨기 2코, 겉뜨기 2코, 안뜨기 2코, 겉뜨기 2코를 뜬다. (도안 참고)
3. 두 번째 단은 모양대로 뜬다.(겉뜨기 모양이면 겉뜨기로, 안뜨기 모양이면 안뜨기로 뜬다.)
4. 같은 방법으로 반복해서 8단이 될 때까지 뜬다.
5. 아홉 번째 단은 실 색을 밤색 1겹, 회색 1겹씩 2겹으로 바꿔 8단을 뜬다.
6. 그림의 배색 순서와 단수를 참고해 배색을 달리하면서 250cm가 될 때까지 뜬다.
7. 파란색 1겹, 카키색 1겹씩 2겹으로 8단을 뜨고, 아홉 번째 단에서 코막음한다.
8. 돗바늘로 실밥을 정리한다.

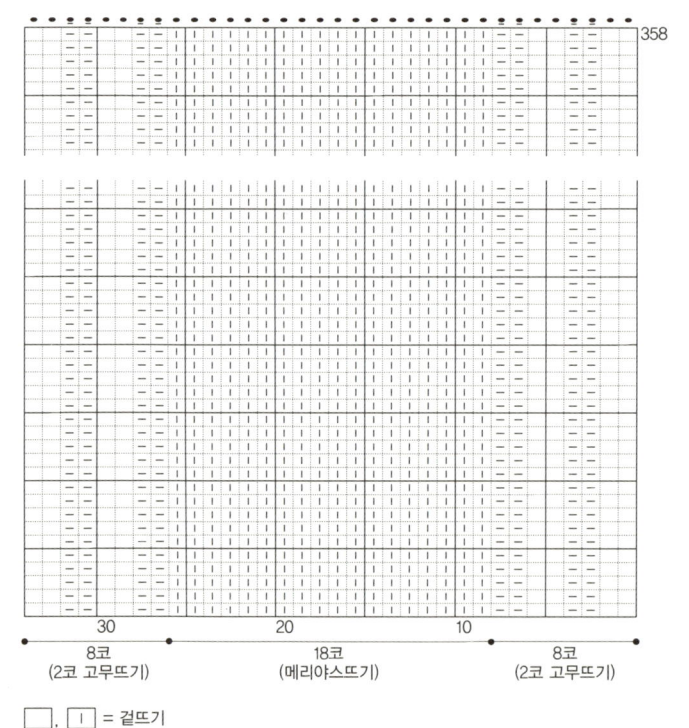

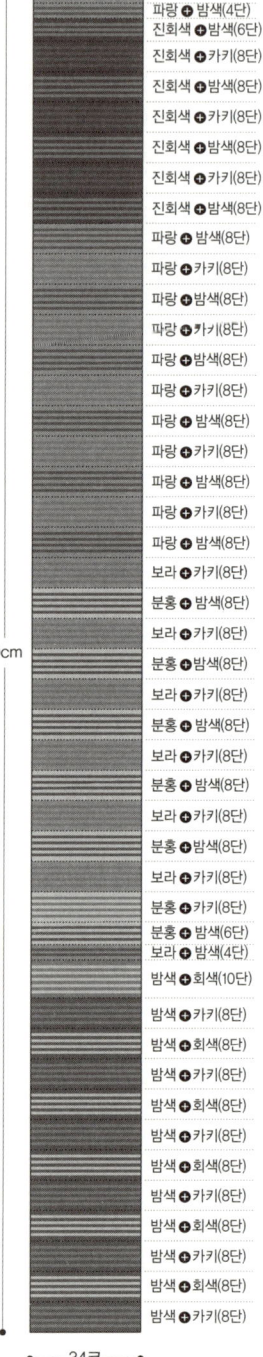

□, │ = 겉뜨기
― = 안뜨기

펄키드 머플러
p.31

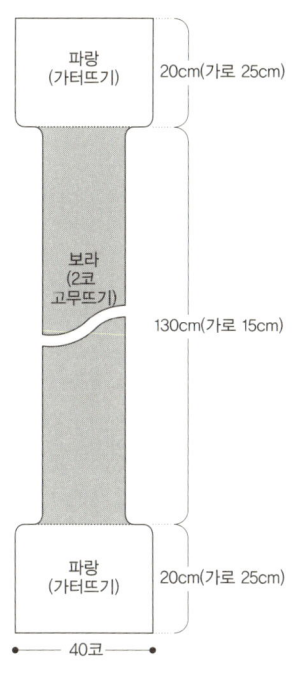

이렇게 만들어요!

1. 5mm 대바늘을 이용해 파란색 실로 40코를 잡아서 가터뜨기로 20cm를 뜬다.
2. 보라색 실로 바꿔서 2코 고무뜨기로 130cm를 뜬다.
3. 다시 실을 바꿔서 가터뜨기로 20cm를 뜬다.
4. 코막음하고 돗바늘로 실밥을 정리한다.

tip
펄키드 부분은 빡빡하지 않게 떠야 털의 느낌을 잘 살릴 수 있습니다.

재료

실
스카이(보라색) 150g,
펄키드(파란색) 80g

바늘
대바늘 5mm, 돗바늘

게이지
23코×30단

사이즈
25cm×170cm

■ , □ , │ = 겉뜨기
― , ― = 안뜨기
人 = 왼코 겹치기

▲ 도안은 앞에서 본 모양을 표시한 것이므로 뒤로 돌려 뜨는 짝수 단은 기호 모양과 반대인 겉뜨기로 뜬다.

모노톤 머플러
p.49

[재료]

실
울필드(검은색) 160g

바늘
대바늘 4.5mm, 돗바늘

게이지
23코×28단

사이즈
18cm×180cm

[이렇게 만들어요!]

1. 4.5mm 대바늘을 이용해 40코를 잡아서 안뜨기 2코, 겉뜨기 2코, 안뜨기 2코, 겉뜨기 2코, 안뜨기 2코, 겉뜨기 10코 뜨기를 반복한다.
2. 모양대로 뜬다.(겉뜨기 모양이면 겉뜨기로, 안뜨기 모양이면 안뜨기로 뜬다.)
3. 안뜨기 2코, 겉뜨기 2코, 안뜨기 2코, 겉뜨기 2코, 안뜨기 2코, 안뜨기 10코 뜨기를 반복한다.
4. 모양대로 뜬다.
5. 안뜨기 2코, 겉뜨기 2코, 안뜨기 2코, 겉뜨기 2코, 안뜨기 2코, 겉뜨기 10코 뜨기를 반복한다.
6. 모양대로 뜬다.
7. 안뜨기 2코, 겉뜨기 2코, 안뜨기 2코, 겉뜨기 2코, 안뜨기 2코, 안뜨기 10코 뜨기를 반복한다.
8. 모양대로 뜬다.
9. 안뜨기 2코, 겉뜨기 2코, 안뜨기 2코, 겉뜨기 2코, 안뜨기 2코, 겉뜨기 10코 뜨기를 반복한다.
10. 모양대로 뜬다.
11. 겉뜨기 10코, 겉뜨기 2코, 안뜨기 2코, 겉뜨기 2코, 안뜨기 2코, 겉뜨기 2코 뜨기를 반복한다.
12. 모양대로 뜬다.
13. 안뜨기 10코, 겉뜨기 2코, 안뜨기 2코, 겉뜨기 2코, 안뜨기 2코, 겉뜨기 2코 뜨기를 반복한다.
14. 모양대로 뜬다.
15. 겉뜨기 10코, 겉뜨기 2코, 안뜨기 2코, 겉뜨기 2코, 안뜨기 2코, 겉뜨기 2코 뜨기를 반복한다.
16. 모양대로 뜬다.
17. 안뜨기 10코, 겉뜨기 2코, 안뜨기 2코, 겉뜨기 2코, 안뜨기 2코, 겉뜨기 2코 뜨기를 반복한다.
18. 모양대로 뜬다.
19. 겉뜨기 10코, 겉뜨기 2코, 안뜨기 2코, 겉뜨기 2코, 안뜨기 2코, 겉뜨기 2코 뜨기를 반복한다.
20. 모양대로 뜬다.
21. 180cm 길이가 될 때까지 ①~⑳번 순서를 반복해서 뜬다.
22. 코막음하고 돗바늘로 실밥을 정리한다.

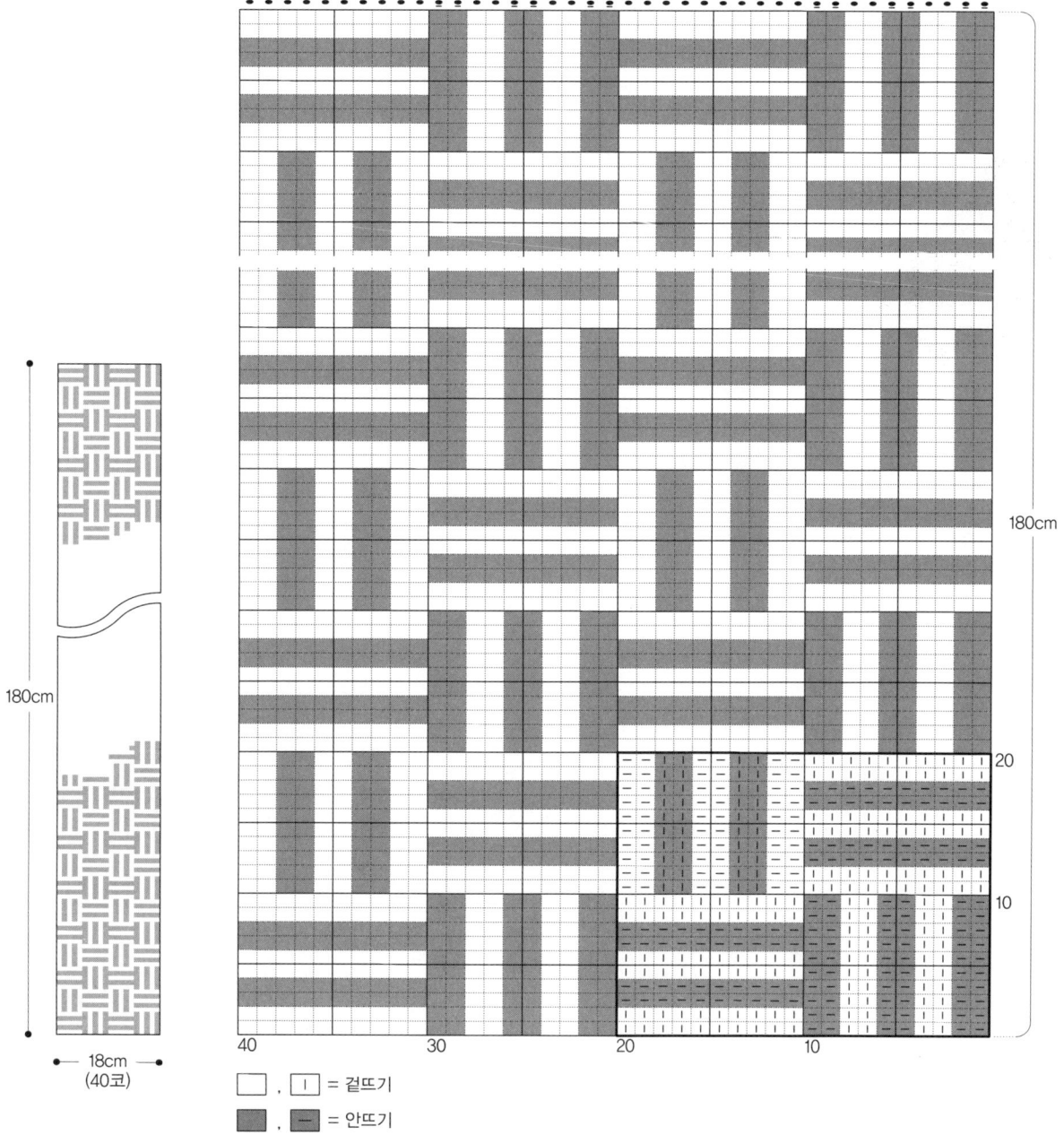

180cm

18cm
(40코)

□, Ⅰ = 겉뜨기
■, ▬ = 안뜨기

알피나 울 머플러
p.50

[재료]

실
알피나 울 340g

바늘
대바늘 8mm, 돗바늘

게이지
12코×16단

사이즈
20cm×180cm

[이렇게 만들어요!]

1. 8mm 대바늘을 이용해 24코를 잡아서 겉뜨기 1코, 안뜨기 1코, 겉뜨기 10코, 안뜨기 1코, 겉뜨기 11코를 뜬다.(양쪽 1코씩 멍석뜨기–도안 참고)

2. 안뜨기 쪽에서 도안을 보면서 안뜨기 표시된 부분은 겉뜨기로 뜬다. 겉뜨기 1코, 안뜨기 9코, 겉뜨기 2코, 안뜨기 9코, 겉뜨기 3코를 뜬다.

3. 겉뜨기 부분에서는 모양대로 뜬다. 안뜨기 표시는 안뜨기로, 겉뜨기 표시는 겉뜨기로 뜨면 된다. 겉뜨기 1코, 안뜨기 3코, 겉뜨기 8코, 안뜨기 3코, 겉뜨기 9코를 뜬다.

4. 양쪽 끝부분은 1코 멍석뜨기로 뜨고 가운데 부분은 안뜨기를 늘리면서 뜨다가 12단부터는 겉뜨기를 늘려주면서 뜬다.(도안 참고) 24코×42단이 한 무늬가 된다.

5. 이 무늬를 반복하면서 180cm 길이가 될 때까지 뜬다.

6. 무늬(총 252단)를 여섯 번 만들고 코막음으로 마무리한다.

[tip]
머플러를 뜨는 동안 무늬 끝부분이 살짝 말리므로 완성한 다음 스팀다리미로 다려주세요. 울샴푸로 세탁하거나 드라이클리닝합니다.

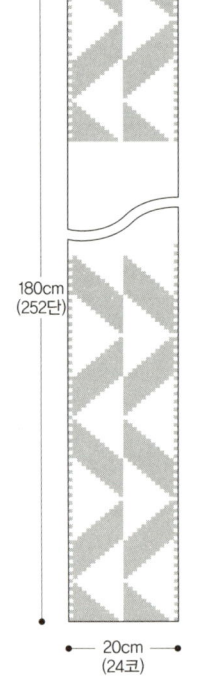

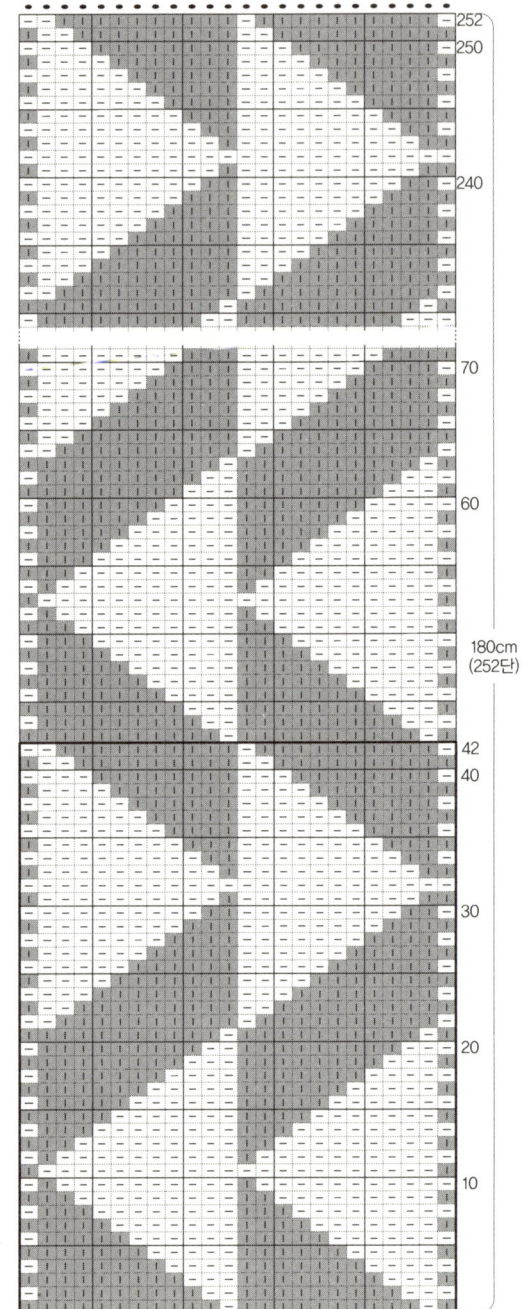

▶ 도안은 앞에서 본 모양을 표시한 것이므로 뒤로 돌려 뜨는 짝수 단은 기호 모양과 반대로 뜬다.

= 겉뜨기
= 안뜨기

꽈배기무늬 머플러
p.34

이렇게 만들어요!

1. 8mm 대바늘을 이용해 34코를 잡는다.
2. 1단은 겉뜨기 4코, 안뜨기 2코, 겉뜨기 6코, 안뜨기 2코, 겉뜨기 6코, 안뜨기 2코, 겉뜨기 6코, 안뜨기 2코, 겉뜨기 4코를 뜬다.(도안 참고)
3. 2단은 모양대로 뜬다. 겉뜨기 모양이면 겉뜨기로, 안뜨기 모양이면 안뜨기로 뜬다.
4. ②의 겉뜨기 6코 부분에서 꽈배기무늬를 넣는다.(도안 참고)
5. 11단을 뜨고 12단째마다 꽈배기무늬를 넣는다.
6. 200cm가량 뜬 다음 마지막 부분에 꽈배기무늬를 만들고 2단을 더 뜬 다음 코막음으로 마무리한다.
7. 실을 180cm 정도 남기고 끊어서 6가닥을 만들어 양끝에 달아준다. 머리 땋듯이 16cm가량 땋아주고 같은 실로 묶어서 남는 실은 수술과 같은 길이로 자른다.(p.24 참고)

tip
스팀다리미로 다림질하면 길이가 약 20cm 정도 늘어나는(180cm→200cm) 점을 염두에 두고 원하는 길이를 먼저 생각한 다음 뜹니다.

재료

실
메가(복합 분홍색)
450g

바늘
대바늘 8mm, 코바늘 5호, 돗바늘

게이지
12코×16단

사이즈
25cm×200cm

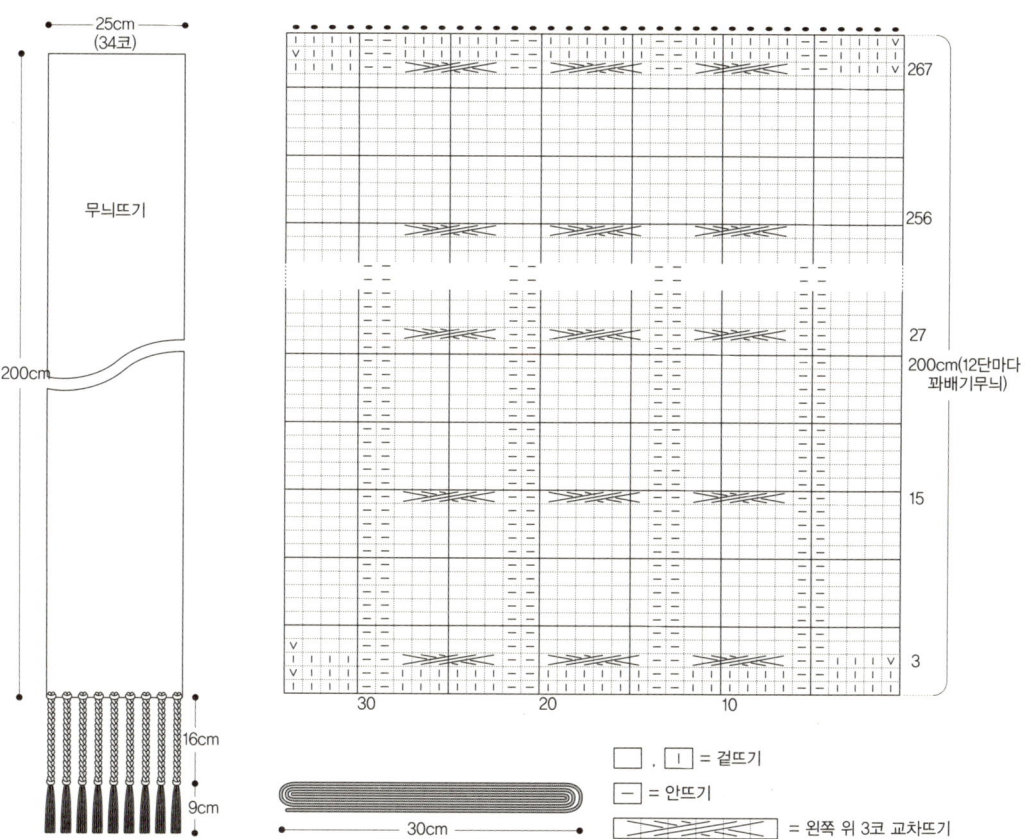

양털 귀마개
p.52

재료

실
링구(아이보리색) 50g,
에베레스트(빨간색)
50g

바늘
대바늘 4.5mm,
코바늘 8호, 돗바늘

이렇게 만들어요!

1. 4.5mm 대바늘을 이용해 18코를 잡아서 가터뜨기로 25cm를 뜬다.
2. 코막음한 다음 중심에서 코바늘을 이용해 사슬 50코를 만들어서 꽃무늬를 뜬다.
3. 링구 실로 코바늘을 이용해 원형 4개를 만든 다음 돗바늘을 이용해 2개씩 연결한다.
4. 연결할 때는 도안과 같이 2cm가량 넣어서 돗바늘로 박음질한다.

tip
귀마개 길이를 길게 하고 싶으면 가터뜨기한 부분을 더 길게 뜨면 됩니다.

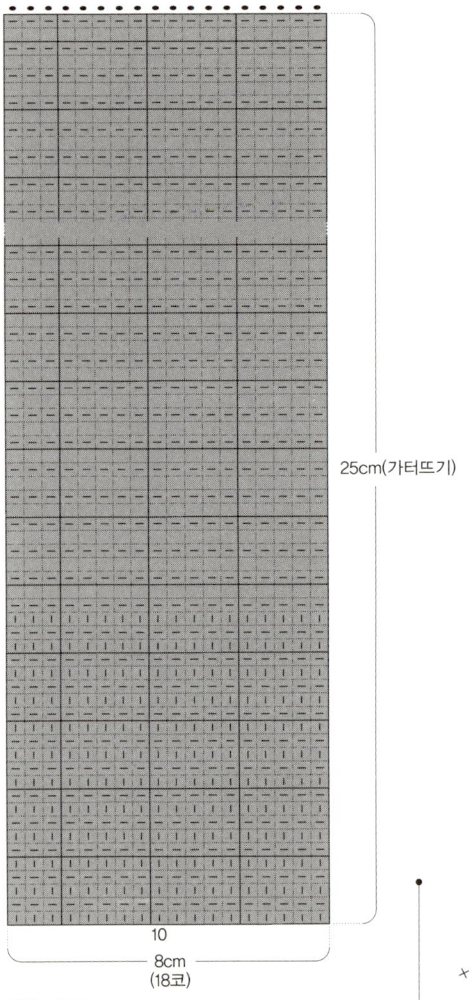

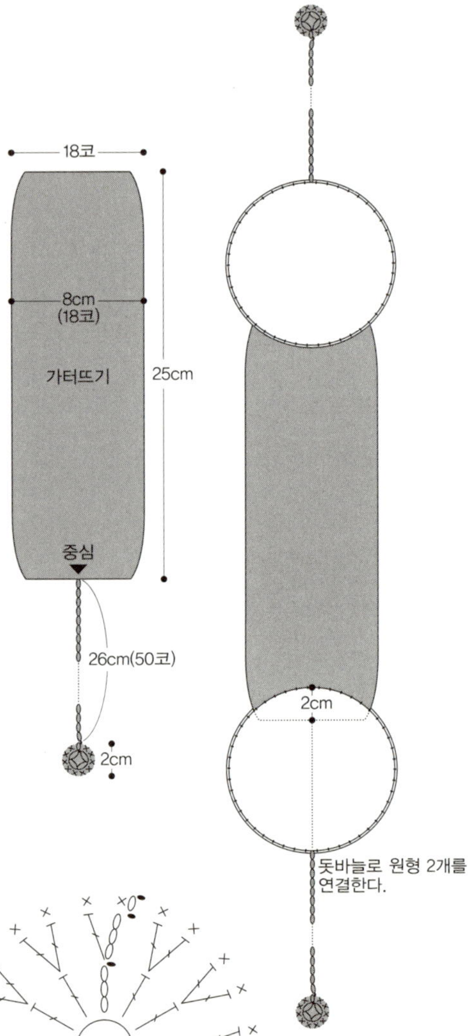

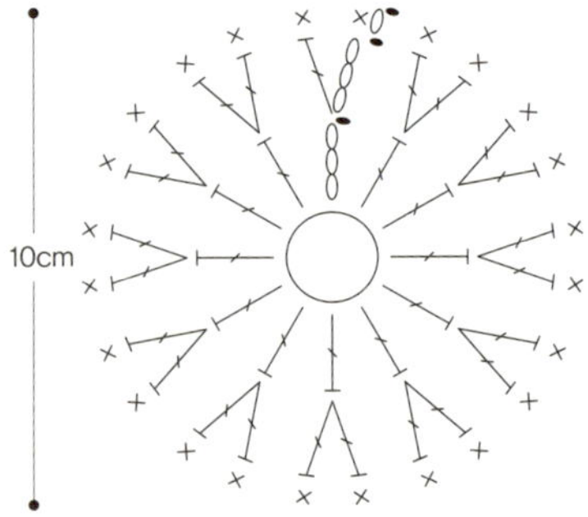

모티브 A

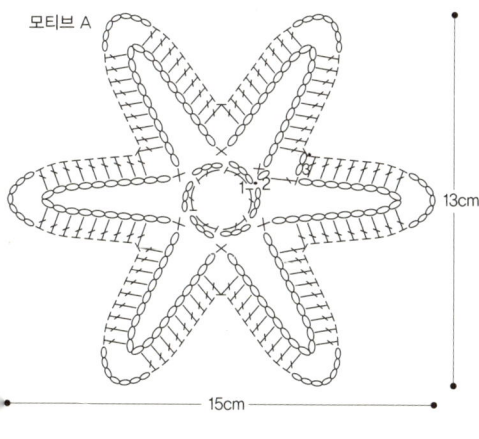

모티브 B

이렇게 만들어요!

1 코바늘을 이용해 도안대로 별 모양 모티브 1장을 뜬다.
2 ❶번 모티브를 1장 뜬 다음 무늬 연결 도안을 보고 숫자대로 연결하면서 ❷번 모티브를 뜨고 짧은뜨기로 연결한다.(도안 참고)
3 숫자 표시대로 연결해가면서 ㊾까지 뜬다.(도안 그림 A와 B 참고)
4 돗바늘로 실밥을 정리한다.

tip
실밥 정리는 한꺼번에 하면 힘들기 때문에 조금씩 미리 정리합니다.

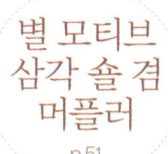

별 모티브
삼각 숄 겸
머플러
p.51

재료
실
밀라노 250g
바늘
코바늘 6호, 돗바늘
사이즈
15cm×13cm

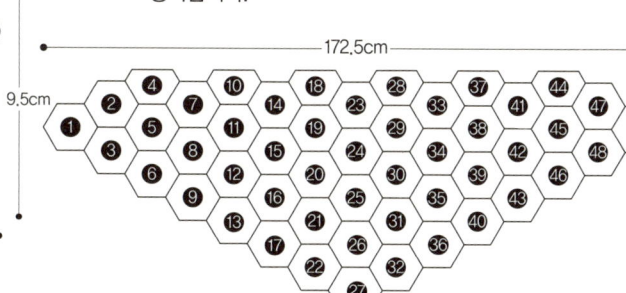

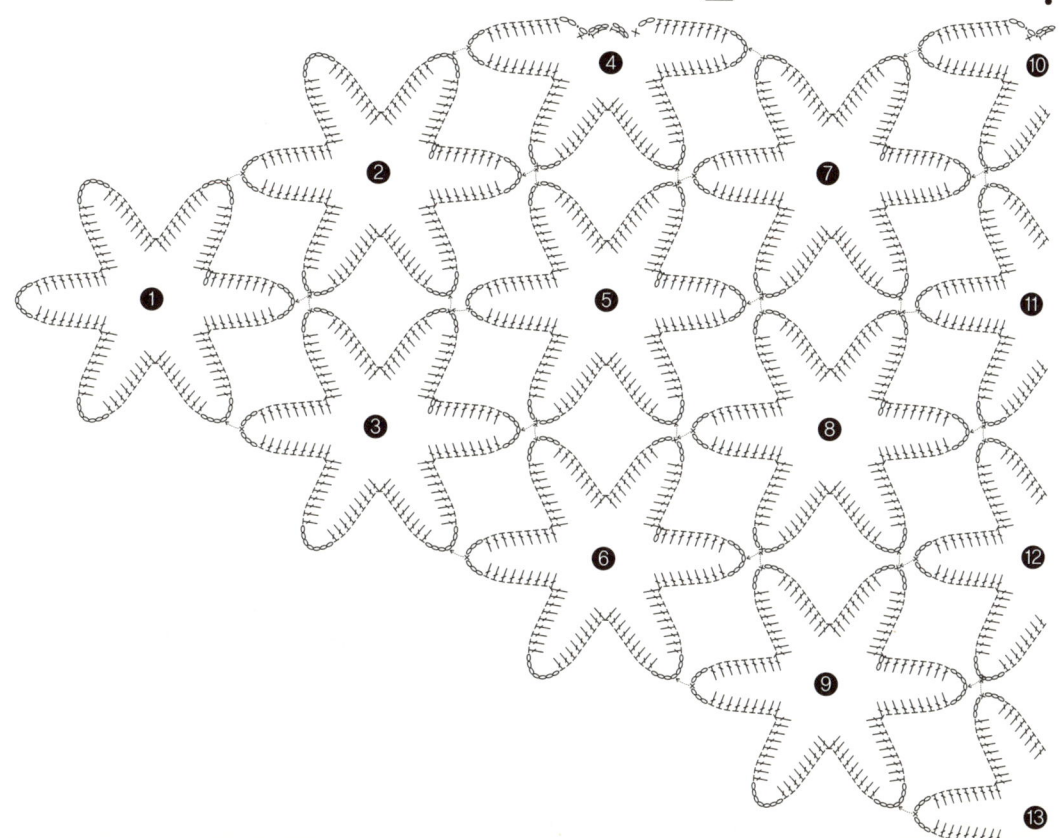

커플 하트 장갑
p.53

재료

실
링구(아이보리색, 회색) 각각 40g씩,
엘리트(빨간색, 밤색) 각각 20g씩,

바늘
대바늘 5mm, 장갑바늘 5mm, 줄바늘 5mm, 돗바늘

이렇게 만들어요!

1. 5mm 줄바늘(대바늘)을 이용해 밤색 실로 32코를 잡는다.
2. 4개의 장갑바늘에 8코씩 나눈 다음 겉뜨기로 3단을 뜬다.
3. 2코 고무뜨기로 7cm(18단)를 뜬다.
4. 실을 회색으로 바꿔서 겉뜨기로 8cm(14단)를 뜬다.
5. 바늘을 줄바늘로 바꿔서 안뜨기 1단, 겉뜨기 1단씩 번갈아가며 10cm를 뜬다. 이때 원형으로 뜨지 않고 일자로 뜬다.
6. 코막음한 다음 반으로 나누어 돗바늘로 꿰맨다.
7. 옆트임 부분(10cm)은 장갑바늘을 이용해 아이보리색 실로 5코에 1코씩 버리면서(줄이면서) 32코를 잡는다.
8. 32코를 잡은 다음 겉뜨기로만 원형뜨기해 5cm를 뜬다.
9. 실을 빨간색으로 바꿔서 1코 고무뜨기로 7cm를 뜨고 겉뜨기로 3단을 뜬다.
10. 느슨한 코막음으로 마무리한다.
11. 돗바늘로 실밥을 정리한다.

tip
5시간 정도면 충분히 완성할 수 있습니다.

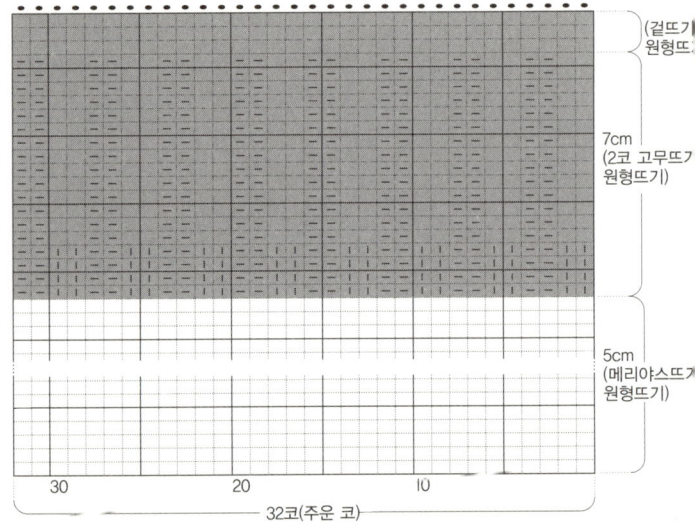

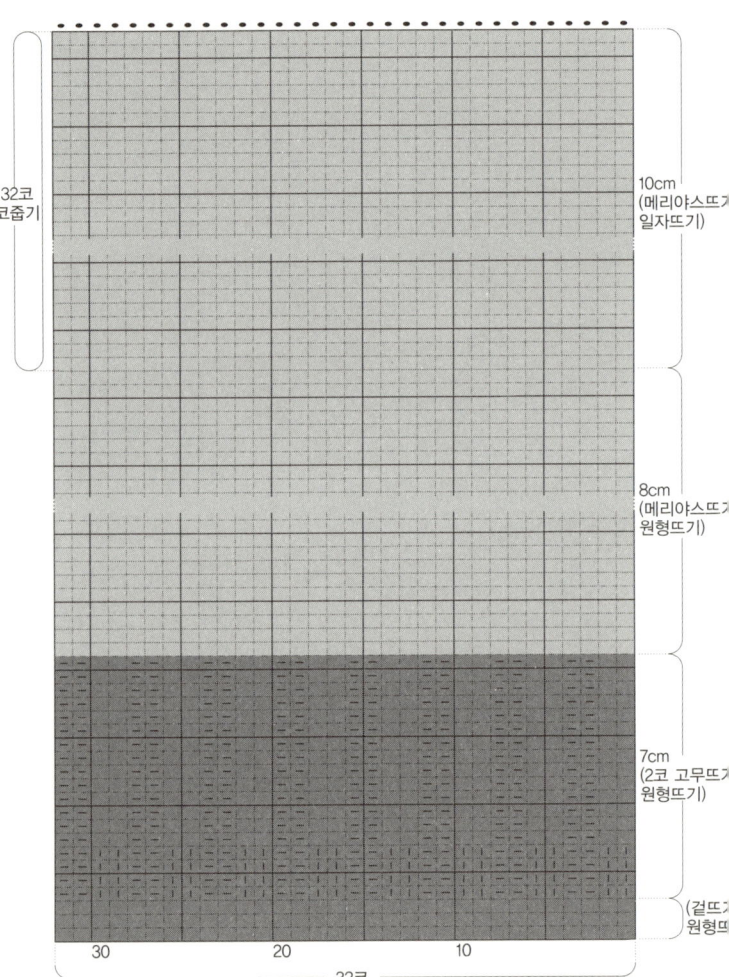

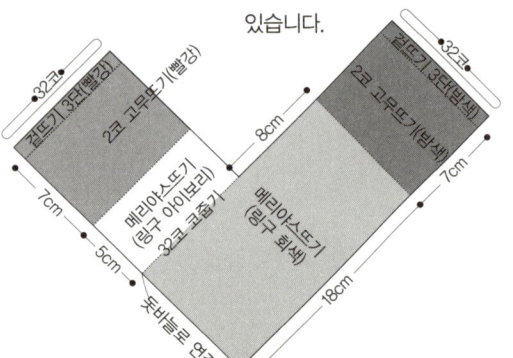

이렇게 만들어요!

1. 코바늘을 이용해 사슬 37코를 뜨고 도안을 보면서 세 무늬를 만든다.
2. 55cm를 뜬 다음 사슬로 44코(29cm)를 잡아서 도안대로 뜬다.
3. 51cm를 뜬 다음 실을 자른다.
4. 늘리기 전 무늬(세 무늬) 부분에 실을 연결해서 104cm를 뜬다.
5. 다음드 부분은 돗바늘로 연결한다.(도안 참고)
6. 검은색 실로 방울을 만들어서 단다.(p.26~27 참고)
7. 40cm 길이의 실 5가닥을 반으로 접어 수술을 만들어서 머플러 양쪽에 6개씩 단다.(p.24 참고. 수술 완성 길이 20cm)

〈후드 연결하기〉

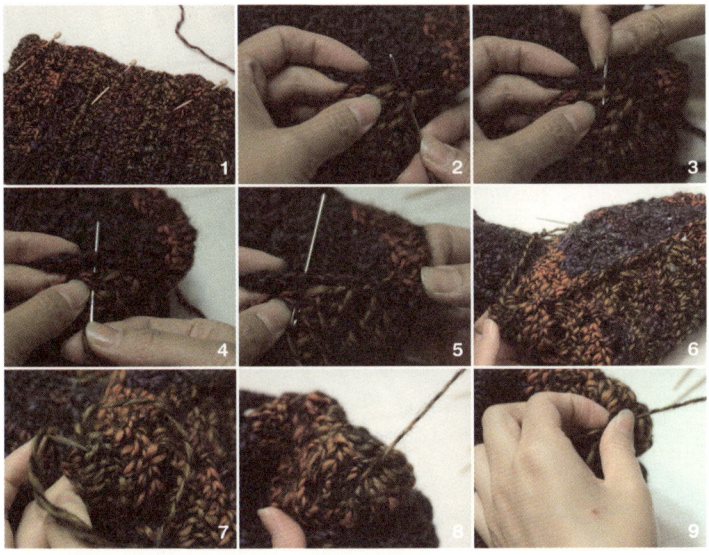

1 후드 부분을 반 접어서 시침핀으로 고정시킨다. 2~5 돗바늘에 실을 꿰어서 지그재그로 연결해준다. 6 연결된 모양. 7, 8 모서리 부분에서 돗바늘을 안쪽으로 넣어준다. 9 매듭짓고 실밥을 정리한다.

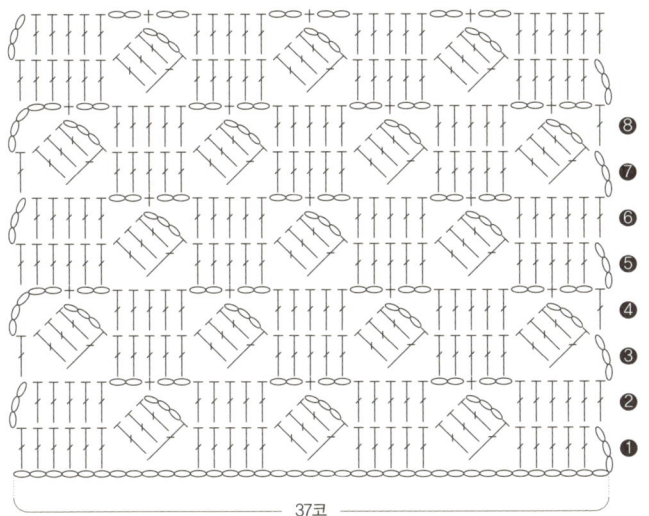

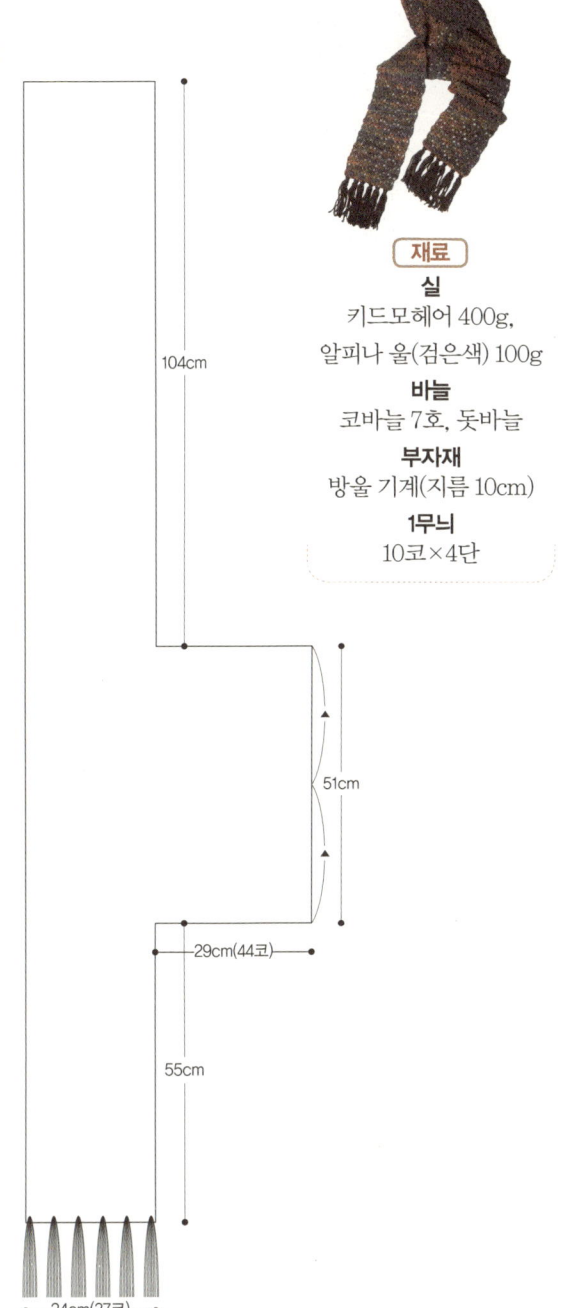

모자 달린 코바늘 머플러
p54

재료

실
키드모헤어 400g,
알파카 울(검은색) 100g

바늘
코바늘 7호, 돗바늘

부자재
방울 기계(지름 10cm)

1무늬
10코×4단

내추럴한 모양의 간단 조끼
p.55

[재료]

실
램소프트(카키색) 550g

바늘
대바늘 6mm, 돗바늘

게이지
14코×24단

사이즈
프리

[이렇게 만들어요!]

1. 6mm 대바늘을 이용해 90코를 잡아 2코 고무뜨기로 7cm를 뜬다.
2. 메리야스뜨기로 152cm를 뜬 다음 2코 고무뜨기로 7cm를 뜨고 코막음한다.
3. 그림과 같이 돗바늘로 연결한다.

[tip]
직접 입고 핀을 꽂은 다음 원하는 사이즈에 맞춰 돗바늘로 연결해줍니다.

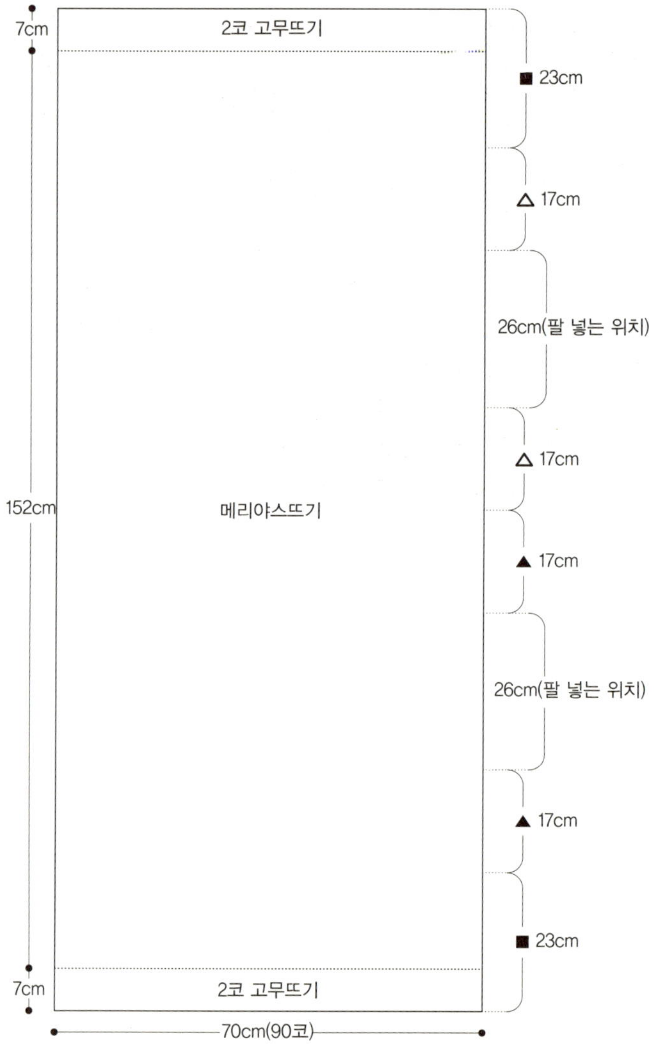

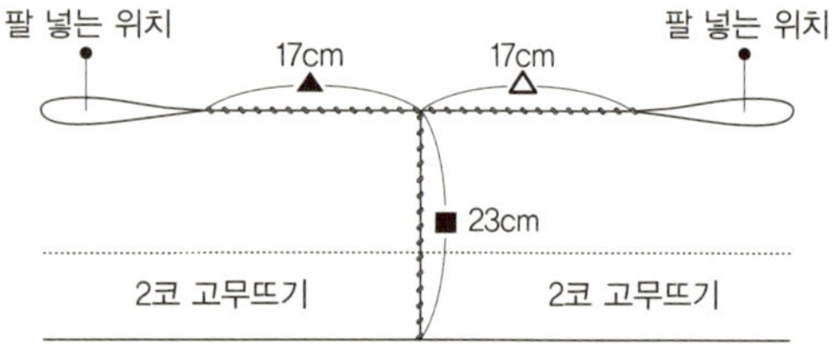

이렇게 만들어요! p.177 '메리 산타 양말' 사진 참고

1. 양말바늘 1개에 분홍색 실로 20코를 잡아서 양말바늘 4개에 각각 5코씩 옮긴다.
2. 겉뜨기로 원형뜨기해 3단을 뜬다.
3. 1코 고무뜨기로 11cm(14단)를 뜬다.
4. 하얀색 실로 바꿔 10코를 가지고 뒤꿈치를 만든다. 뒤꿈치는 3-4-3 되돌아뜨기한다.
5. 분홍색 실로 바꿔 전체가 원형이 되도록 1코 고무뜨기로 12cm(20단)를 뜬다.
6. 하얀색 실로 바꿔 앞부분을 코 줄이기하면서 뜬다. 2-1-3번 1단에서 4코씩 코 줄이기하고 1단은 그냥 뜨고 그다음 단에서 코 줄이기하고 1단은 그냥 뜨고 그다음 단에서 코 줄이기한다. 8코가 남으면 돗바늘로 모아서 잡아당긴 후 십자로 엮어 마무리한다.
7. 돗바늘로 실밥을 정리한다.

tip
수면 양말은 포근한 느낌으로 만드는 것이 좋으므로 빡빡하게 뜨지 않도록 하세요.

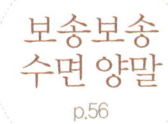

보송보송 수면 양말
p.56

재료

실
소프트붐붐
(연분홍색, 하얀색)
각각 100g씩

바늘
양말바늘 7mm 5개,
돗바늘

게이지
12코×14단

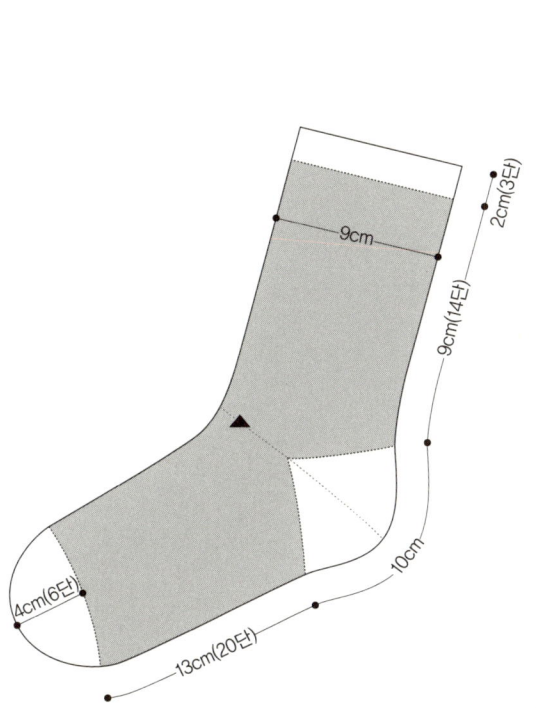

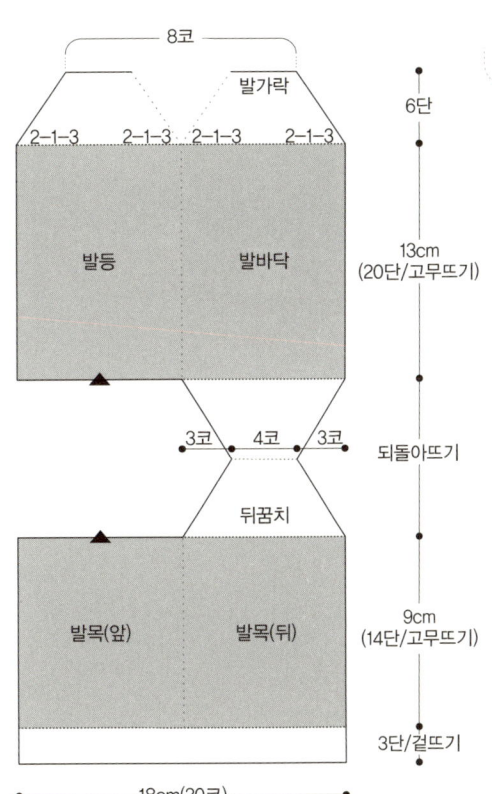

캐주얼 크로스백
p.59

이렇게 만들어요!

1. 8mm 대바늘을 이용해 36코를 잡아서 안뜨기로 1단을 뜬 다음 메리야스뜨기로 30cm를 뜬다. 같은 방법으로 총 2장을 뜬다.
2. 끈은 6코를 잡아 가터뜨기를 이용해 메는 방법에 따라 185cm 또는 175cm를 뜬다. (사선으로 메면 185cm, 옆으로 메면 175cm)
3. 완성된 끈은 돗바늘을 이용해 몸판 안쪽에 연결한다.
4. 끈에 리넨을 대고 꿰맨다. 시접을 0.5cm씩 넣는다.
5. 안감을 연결한다.
6. 가방 안쪽에 ⑤의 안감과 리넨을 차례대로 대고 꿰맨다. 리넨은 바깥으로 2cm 정도씩 내어 공그르기한다.
7. 가방 뚜껑은 코바늘을 이용해 도안을 보면서 뜬 다음 뒷부분에 위치를 잡아 돗바늘로 연결한다.
8. 가방 앞부분에 가죽 단추와 라벨을 단다.

tip
가방끈은 느슨하게 뜨면 늘어질 수 있으니 조금 빡빡하게 뜨세요.

재료

실
알피나 울(빨간색)
300g

바늘
대바늘 8mm, 코바늘
8호, 돗바늘

부자재
꽃무늬 리넨(안감) 1마,
가죽 단추 1개, 가죽
라벨 1개

게이지
12코×16단

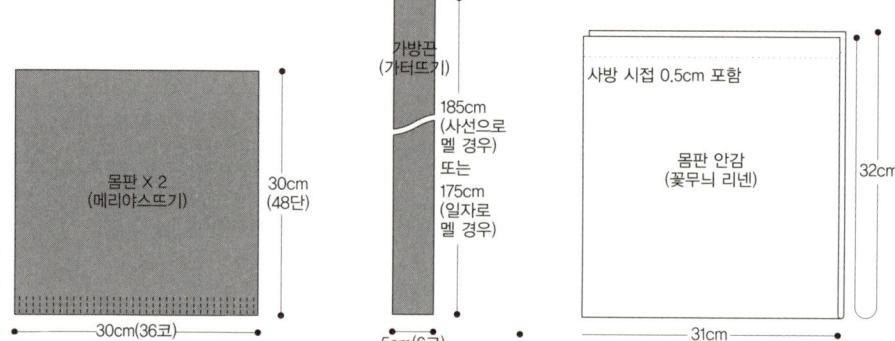

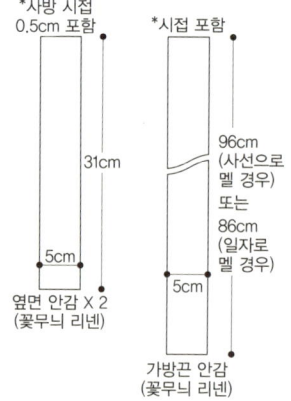

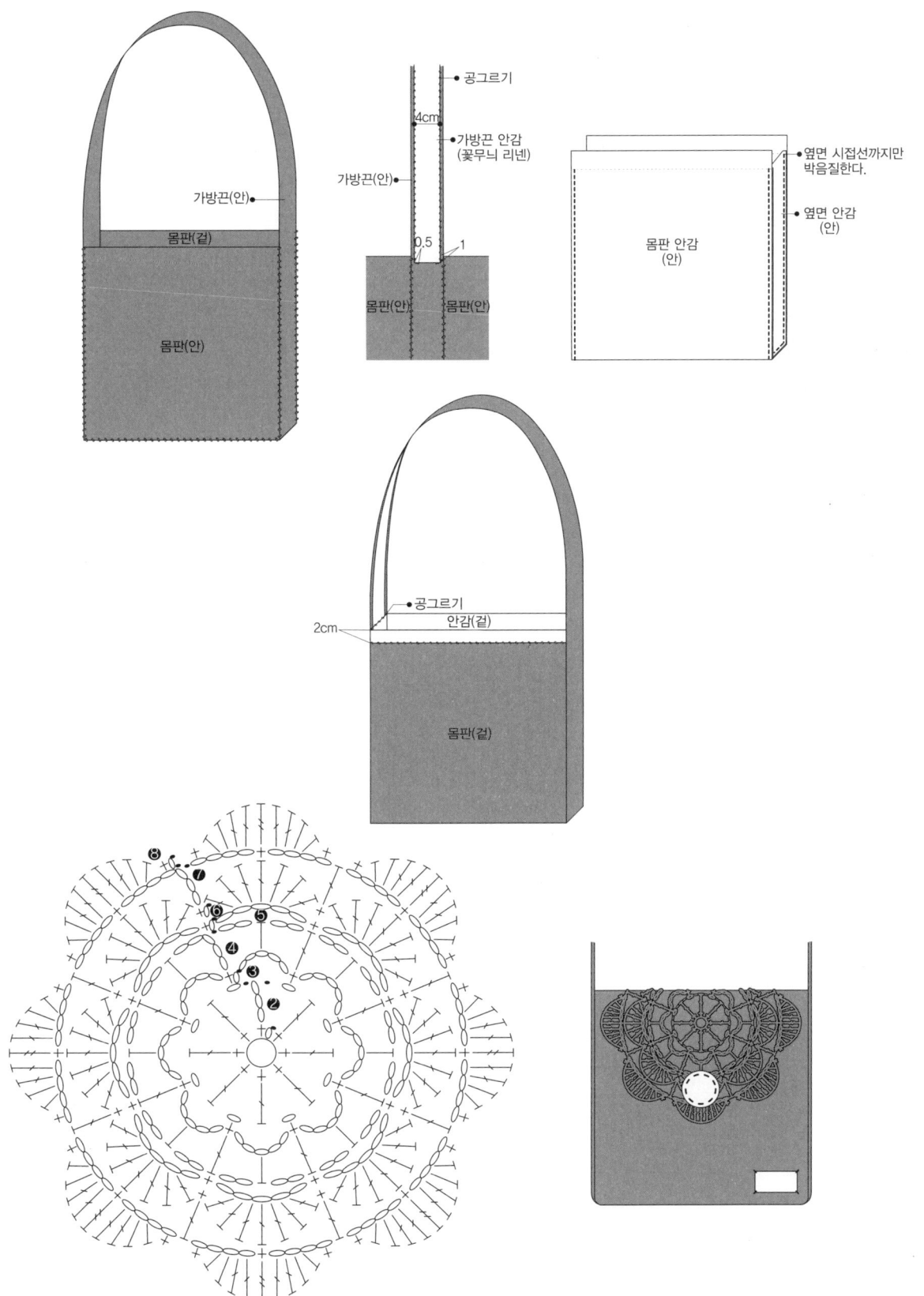

밀라노 빈티지 백
p.58

🏷️ 재료

실
밀라노(복합) 50g,
엘리트(녹색) 250g,

바늘
코바늘 7호, 퀼팅 바늘

부자재
레이스 2개, 가죽끈 2개

이렇게 만들어요!

1. 코바늘을 이용해 녹색 실로 원형을 만들어 짧은뜨기 여덟 번을 뜬다.
2. 도안과 같이 반지름이 15cm가 될 때까지 늘린다.(손놀림에 따라 약간의 오차가 있을 수 있다.)
3. 빼뜨기하지 않고 짧은뜨기로 계속 20cm를 뜬다. 시작코에 단수 표시 링으로 표시해두면 좋다.
4. 복합 실로 바꿔서 짧은뜨기로 4cm를 뜬다.
5. 가방 앞뒤로 레이스 2개를 방향을 엇갈리게 해서 붙인다.
6. 퀼팅 실과 퀼팅 바늘을 이용해 밤색 실로 가죽끈을 단다.

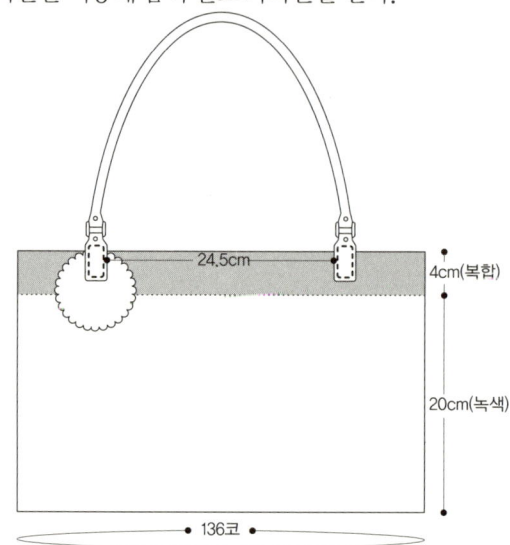

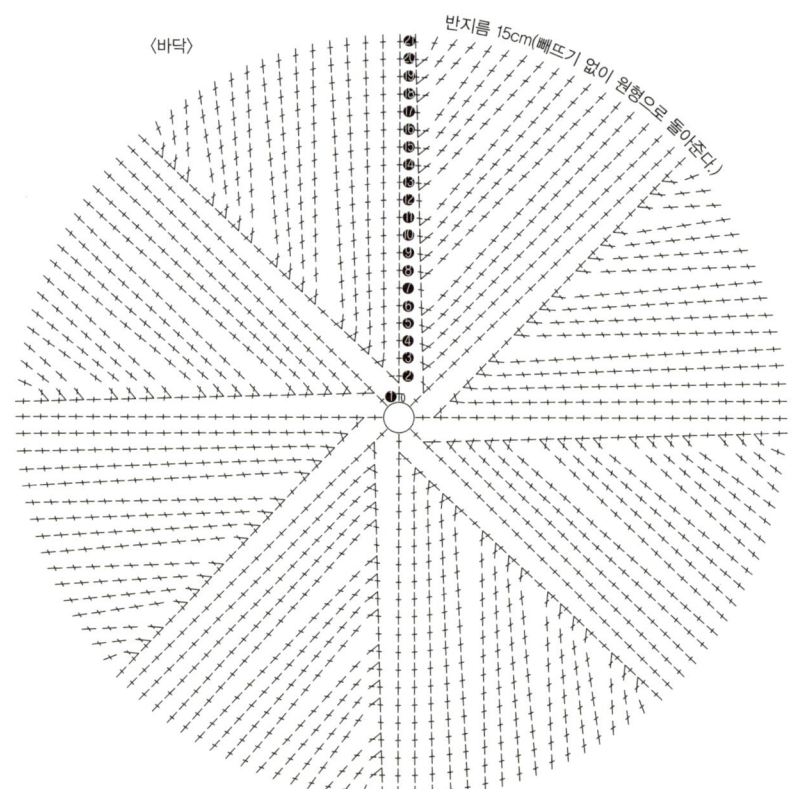

〈바닥〉 반지름 15cm(빼뜨기 없이 원형으로 돌아준다)

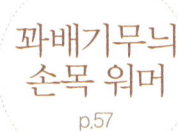

꽈배기무늬 손목 워머
p.57

이렇게 만들어요!

1. 4.5mm 대바늘을 이용해 41코를 잡아 〈무늬 1〉 도안대로 무늬를 넣는다.
2. 무늬대로 2단을 더 뜨고, 3단에서 꽈배기무늬를 넣는다.
3. 무늬대로 뜨면서 꽈배기무늬는 8단째마다 넣는다.
4. 총길이 32cm가 될 때까지 뜬 다음 코막음한다.
5. 원통 모양으로 만든 다음 위에서 5cm 되는 부분까지 돗바늘로 연결한다.
6. 손가락이 들어가는 부분으로 5cm를 남기고 남은 22cm도 돗바늘로 연결한다.
7. 다른 한쪽은 〈무늬 2〉 도안대로 무늬를 잡은 다음 ②~⑥번과 동일한 방법으로 뜬다.
8. 돗바늘로 실밥을 정리한다.

재료

실
메리노골드
(녹색) 100g

바늘
대바늘 4.5mm, 돗바늘

게이지
20코×24코

〈무늬 1〉

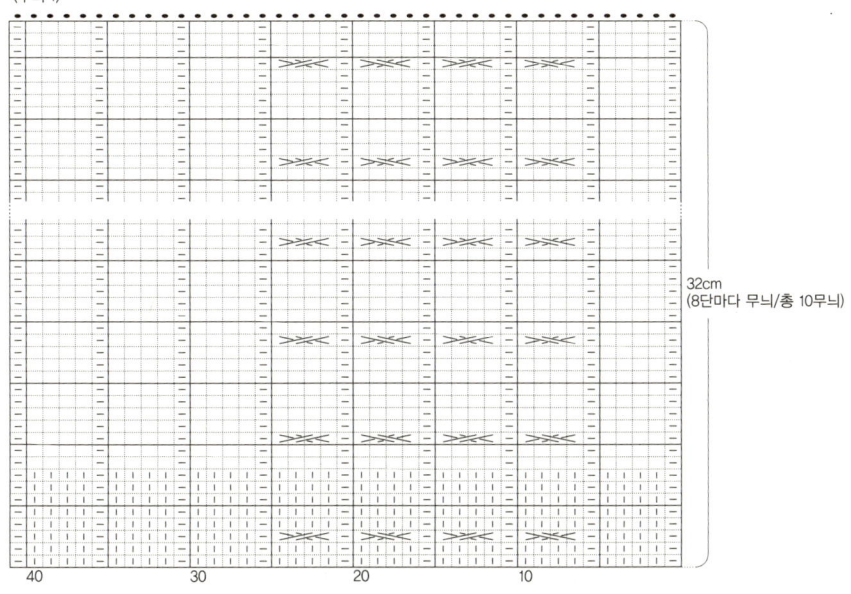

32cm
(8단마다 무늬/총 10무늬)

〈무늬 2〉

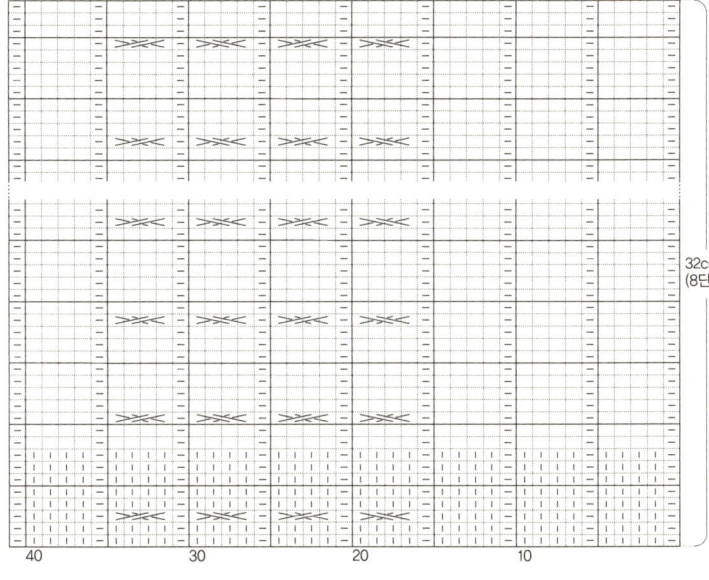

32cm
(8단마다 무늬/총 10무늬)

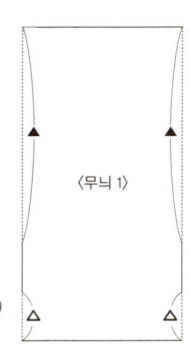

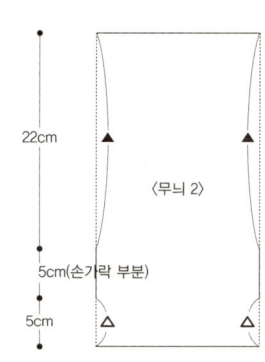

22cm

5cm(손가락 부분)

5cm

꽈배기무늬 덧신
p.60

재료

실
소노모노(밤색) 80g

바늘
대바늘 6mm,
장갑바늘 5mm 4개,
돗바늘

부자재
꽈배기핀

게이지
14코×20단

이렇게 만들어요!

1. 6mm 대바늘을 이용해 30코를 잡아서 도안대로 1단을 뜬다.
2. 안뜨기 쪽도 모양대로 뜬다.
3. 도안을 보면서 2/2 꽈배기무늬를 2개 넣는다.
4. 6단마다 꽈배기무늬를 넣는다.
5. 13cm(24단)까지 꽈배기무늬를 다섯 번 넣은 다음 장갑바늘로 바꿔서 한 바늘에 10코씩 3개의 바늘에 나눈다.
6. 원형으로 만들어서 같은 방법으로 6단마다 꽈배기무늬를 넣으면서 7cm(16단)를 뜬다. (사진 참고)
7. 2코를 같이 떠서 코를 반으로 줄이고, 한 번 더 줄인다.
8. 뒤꿈치 부분을 돗바늘로 연결한다.
9. 발등 부분은 장갑바늘로 5코 잡고 1코를 건너뛰면서 48코를 잡는다.
10. 2코 고무뜨기로 4단(2cm)을 뜨고 코막음한다.

tip
발 크기에 꼭 맞게 뜨고 싶을 때는 직접 신어보면서 뜹니다.

〈원형 만들기〉

1 13cm까지 양쪽으로 꽈배기무늬를 넣으면서 뜬다.
2~5 10코씩 3개의 바늘에 나눈다.
6 삼각형으로 장갑바늘을 꽂고 원형을 만들면서 뜬다.
7~9 원형으로 만들면서 7cm 무늬대로 떠준다.

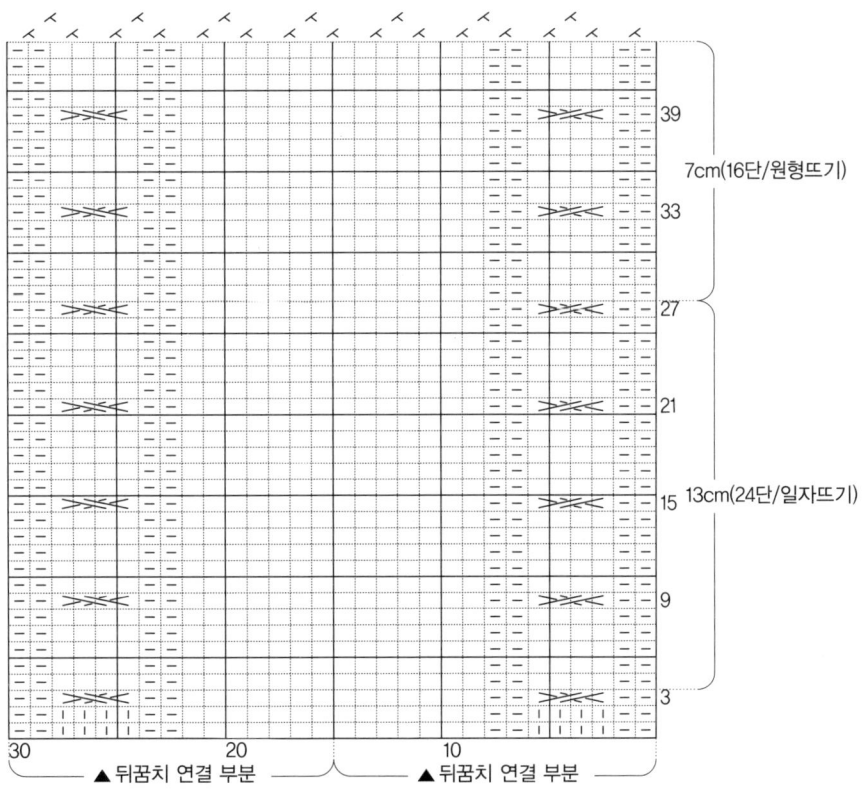

- □, │ = 겉뜨기
- ─ = 안뜨기
- 왼쪽 위 2코 교차뜨기
- 오른쪽 위 2코 교차뜨기

7cm(16단/원형뜨기)
13cm(24단/일자뜨기)

▲ 뒤꿈치 연결 부분

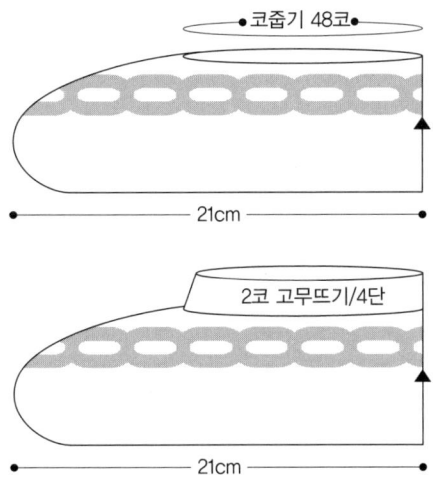

코줍기 48코
21cm

2코 고무뜨기/4단
21cm

아기에게 주는
손뜨개 선물

아기가 배 속에 있을 때 곧 태어날 아기를 위해 손싸개와
발싸개, 딸랑이를 만들어 엄마의 첫 번째 선물로
준비해보세요. 조카의 돌 선물로 예쁜 모자와 머플러
세트를 만들어줘도 좋고요. 예쁜 딸이라면 엄마와 세트로
만든 망토를 입고 외출하는 즐거움도 누릴 수 있지요.
연약한 아기 피부를 위해 다양한 유기농 실을 준비했으니
더욱 정성 가득한 선물이 될 거예요.

양면 머플러

한쪽은 깔끔한 아이보리 단색 실로,
다른 한쪽은 여러 가지 색이 섞여 있는
캐주얼한 실로 짠 머플러는 재미있고
실용적인 아이템이지요. 모자와 세트로
만들어 선물하세요.
만들기는 p.125 참고

아이 방울 비니

쌀쌀한 겨울 바람에 아이를 따뜻하게
감싸주는 모자는 필수지요. 아이보리색
비니에 컬러풀한 방울을 달아 아이에게
어울리는 모자를 만들어보세요.
만들기는 p.124 참고

삼각 케이프

아이의 어깨를 따뜻하게 감싸면서
사랑스러움까지 더해주는
액세서리예요. 두 가지 색을 섞고
무늬를 넣어 포인트를 주었답니다.
만들기는 p.130 참고

방울 모자 넥 워머

모자도 쓰고 목도 따뜻하게 할 수 있어 활용도가 높은 아이템이랍니다. 끈을 달아 아이에게 꼭 맞게 조절할 수 있어요. 방울을 달아 귀엽게 모양내세요.
만들기는 p.127 참고

코바늘 챙모자

모자에 작은 챙을 달아 헌팅캡처럼
만들었어요. 보온 효과와 함께 햇빛을
가려주는 역할도 한답니다.
만들기는 p.128 참고

삐에로 모자

2코 고무뜨기를 반복하여 쉽게 만들 수 있는 모자로 신축성이 좋아요. 양끝에 방울을 달아 귀여운 포인트를 더해주었답니다.
만들기는 p.129 참고

배기팬츠

유기농 실을 사용하여 아이 피부에 자극적이지 않아요. 아직 기저귀를 떼지 않은 아이를 위해 엉덩이 부분을 넉넉하게 디자인한 배기팬츠랍니다. 모자와 세트로 만들면 더 귀여워요.
만들기는 p.134 참고

토끼털 장식 모자 망토

옛날이야기 속 '빨간 모자'가 떠오르는 아이템이에요. 머리부터 어깨 아래까지 따뜻하게 감싸주어 제법 쌀쌀한 날씨에도 유용합니다. 라인에 토끼털을 달아 사랑스러운 꼬마 숙녀 스타일을 만들어주세요.
만들기는 p.132 참고

나무 단추로 멋낸 조끼

기본 조끼 디자인에 칼라를 달고 앞판에 다른 색 실을 넣어서 포인트를 주었어요. 고급스러운 나무 단추를 달아 외출복으로도 손색없답니다.
만들기는 p.138 참고

방울 고깔 모자

은은한 파스텔 톤 컬러로 만들어
남아와 여아에게 모두 잘 어울려요.
끈을 달아 쉽게 벗겨지지 않으면서
볼과 귀까지 따뜻하게
감쌀 수 있도록 했어요.
만들기는 p.135 참고

베이비 양말

아이의 발을 포근하게 감싸줄 양말이에
요. 보온 효과가 좋으니 외출할 때
양말 위에 덧신처럼 신겨주세요.
모자와 세트로 만들어 아기에게
선물하면 좋아요.
만들기는 p.137 참고

코바늘 베이비 판초

꼬마 요정 같이 귀여운 모습을 연출해줄 판초예요. 모자 방울과 단의 꽃무늬 디테일 덕에 더욱 사랑스럽지요. 간절기에 따뜻하게 걸쳐 입히세요.
만들기는 p.146 참고

눈사람 어그 부츠

아장아장 걸음마를 뗀 아이를 위해
만든 어그 부츠랍니다. 실제 어그
부츠와 같이 발목에 양모를 대서 더욱
포근하게 만들었어요. 바닥에 미끄럼
방지 고무를 붙여주면 안전합니다.
만들기는 p.140 참고

슬리브리스 원피스

줄임 없이 꽈배기무늬를 넣어 간편하게 만드는 A라인 원피스예요. 어깨와 치맛단에 레이스를 넣어 사랑스러운 느낌을 더했답니다.
만들기는 p.142 참고

보닛

아이 원피스와 세트로 착용하면 잘 어울리는 보닛이에요. 보닛은 보온 효과뿐 아니라 헤어 액세서리로도 훌륭한 아이템이랍니다.
만들기는 p.145 참고

레이스 양말

꽈배기무늬와 레이스 장식을 넣어 풍성하면서 포근한 느낌으로 디자인했어요. 아이 취향에 따라 리본이나 방울 장식을 달아도 깜찍하지요.
만들기는 p.144 참고

베이비 보낭

추울 겨울에 외출할 때 아이를 안전하고 따뜻하게 보호해주는 보낭이에요. 찬바람이 들어가지 못하게 얼굴 부분만 열고 닫을 수 있도록 하고, 귀 모양을 만들어 포인트를 주었어요.
만들기는 p.126 참고

스퀘어 짜임 머플러 세트

엄마와 아이가 커플로 두를 수 있는 머플러예요. 유기농 실로 만들어 부드러울 뿐 아니라 깔끔한 아이보리 컬러로 어디든 잘 어울린답니다.
만들기는 p.148(엄마), 149(아이) 참고

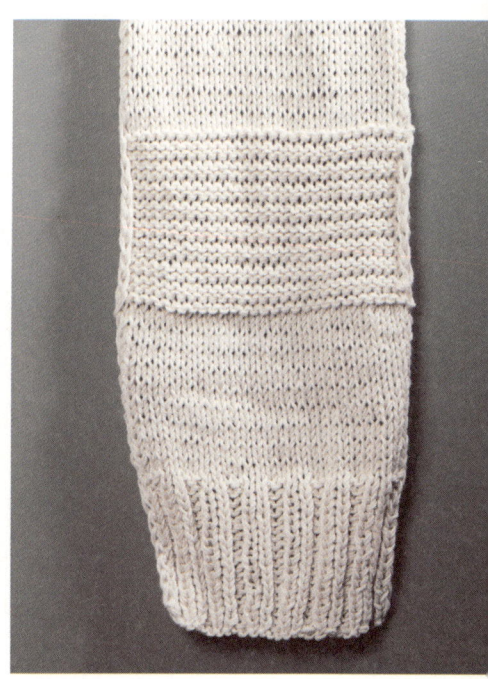

고릴라 딸랑이

아이들이 좋아하는 딸랑이를 고릴라 인형 모양으로 만들었어요. 유기농 실로 만들어 아이가 물거나 빨아도 안전합니다.
만들기는 p.150 참고

유기농 실로 만든 손싸개와 발싸개

발싸개는 작은 아기 발을 따뜻하게 감싸줘요. 손싸개는 아이가 손으로 얼굴을 긁는 것을 방지하는 데 쓰여요. 아이 피부에 안전한 유기농 실로 만들었어요.

만들기는 p.152(손싸개), 153(발싸개) 참고

리폼 치마 세트

엄마와 아이의 독특한 패션 감각을
뽐낼 수 있는 치마예요. 못 입는
데님스커트를 활용하면 좋아요. 아랫단에
손뜨개로 만든 치마를 이어 붙여 만들면
근사한 새 스커트가 완성됩니다.
만들기는 p.154(엄마),
155(아이) 참고

터틀넥 망토 세트

목과 어깨 아래까지 포근하게 감싸주는
망토는 겨울철 필수 아이템이에요. 엄마
망토는 따뜻한 터틀넥으로, 아이 망토는
터틀넥 앞부분을 터서 칼라 형태로
만들고 귀여운 방울을 달아주세요.
만들기는 p.156(엄마),
157(아이) 참고

세일러 케이프

아이 어깨에 걸쳐 귀여운 스타일을 연출하는 케이프예요. 세일러 칼라처럼 사각형으로 만들고 네이비 컬러에 화이트 라인을 넣고 닻 모양 단추를 달아 근사하게 완성했지요. 사용하는 실에 따라 여름용, 겨울용으로 만들 수 있어요.
만들기는 p.158 참고

아이 방울 비니
p.100

재료
실
유기농
울필드(아이보리색)
50g, 복합실 20g
바늘
원형바늘 4mm, 돗바늘
부자재
방울 기계(지름 6cm)
게이지
23코×28단
사용 연령
1~2세

이렇게 만들어요!

1. 4mm 원형바늘을 이용해 111코를 잡아서 원형을 만든 다음 겉뜨기 2코, 안뜨기 1코씩 1단을 뜬다.(도안 참고)
2. ①과 같이 겉뜨기 2코, 안뜨기 1코를 1세트로 하여 20cm를 뜬다.
3. 2코를 한 번에 떠서 56코로 줄인다.
4. 남은 코는 돗바늘에 꿰어서 꽉 잡아당긴 다음 십자 모양으로 엮어 매듭짓는다.
5. 방울 기계를 이용해 복합 실로 방울을 만든 다음 모자에 달아준다.

tip
이 모자는 신축성 있게 만든 프리 사이즈여서 아이의 머리 크기를 정확히 재지 않아도 잘 맞게 씌울 수 있어요.

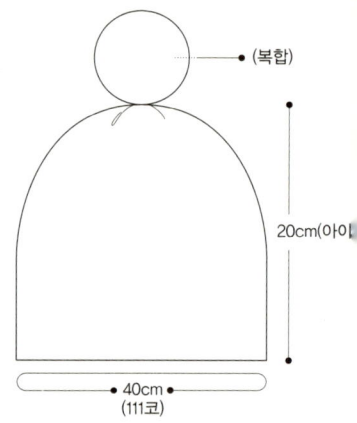

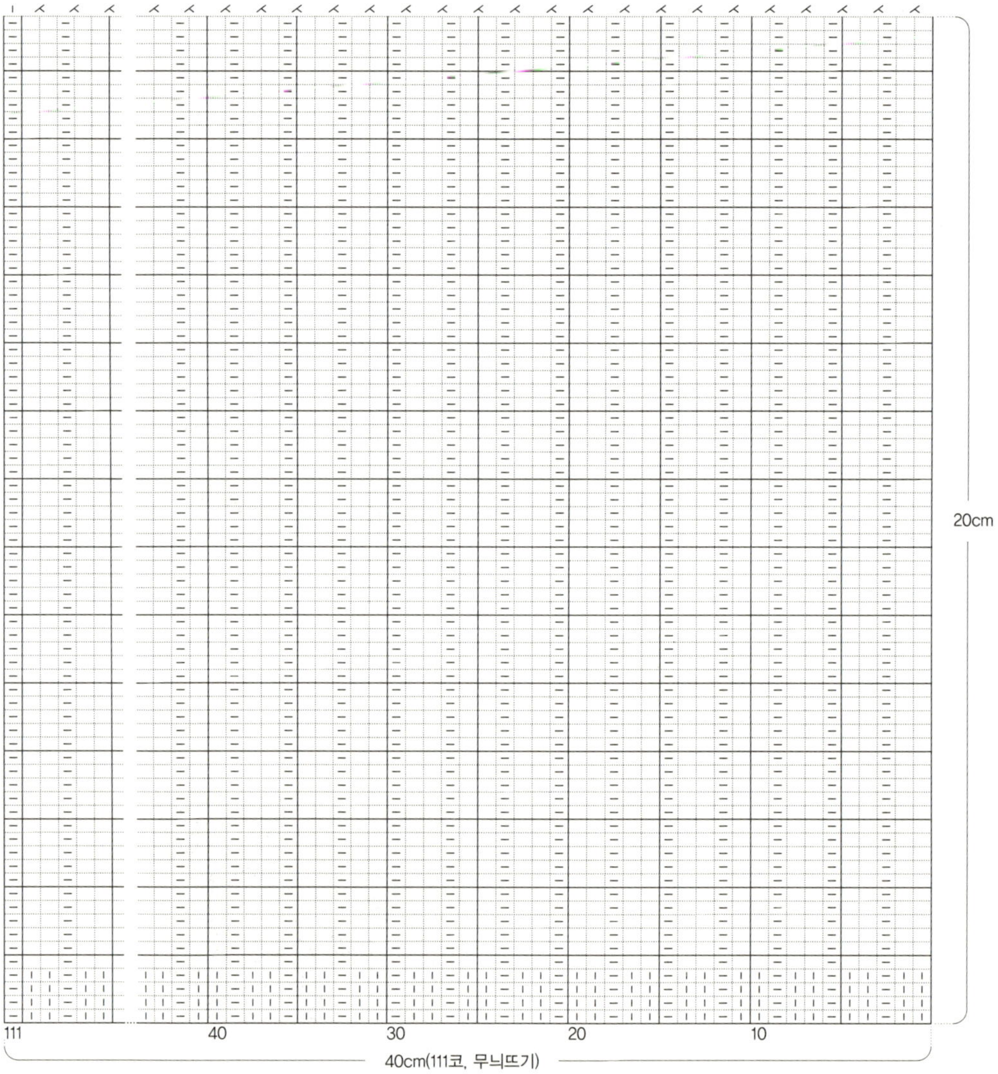

□ . | = 겉뜨기
− = 안뜨기
∧ = 왼코 겹치기

> **이렇게 만들어요!**

1 아이보리색실 1겹과 복합 실 1겹, 2겹으로 20코를 잡는다. 첫 번째단의 첫 코는 2겹을 같이 겉뜨기로 뜨고, 다음 코부터는 복합 실을 겉뜨기로 뜨고 실 2겹을 같이 안뜨기 방향으로 넘겨 아이보리색 코를 아이보리색 실로 안뜨기한다.

2 두 번째단의 첫 코는 2겹을 같이 겉뜨기한다. 다음 코부터 아이보리색 코는 아이보리색 실로 겉뜨기하고 실 2겹을 같이 안뜨기 방향으로 넘겨 복합 실 코는 복합 실로 안뜨기한다.

3 ①번과 ②번을 반복해서 98cm가 될 때까지 뜬다.

4 아이보리색 실과 복합 실을 합해 겉뜨기하면서 코막음한다.

5 돗바늘을 이용해서 실밥을 정리한다.

양면 머플러
p.100

재료

실
유기농 울필드
(아이보리색) 50g,
복합실 20g

바늘
대바늘 4mm, 돗바늘

게이지
23코×28단

〈양면 머플러 만들기〉

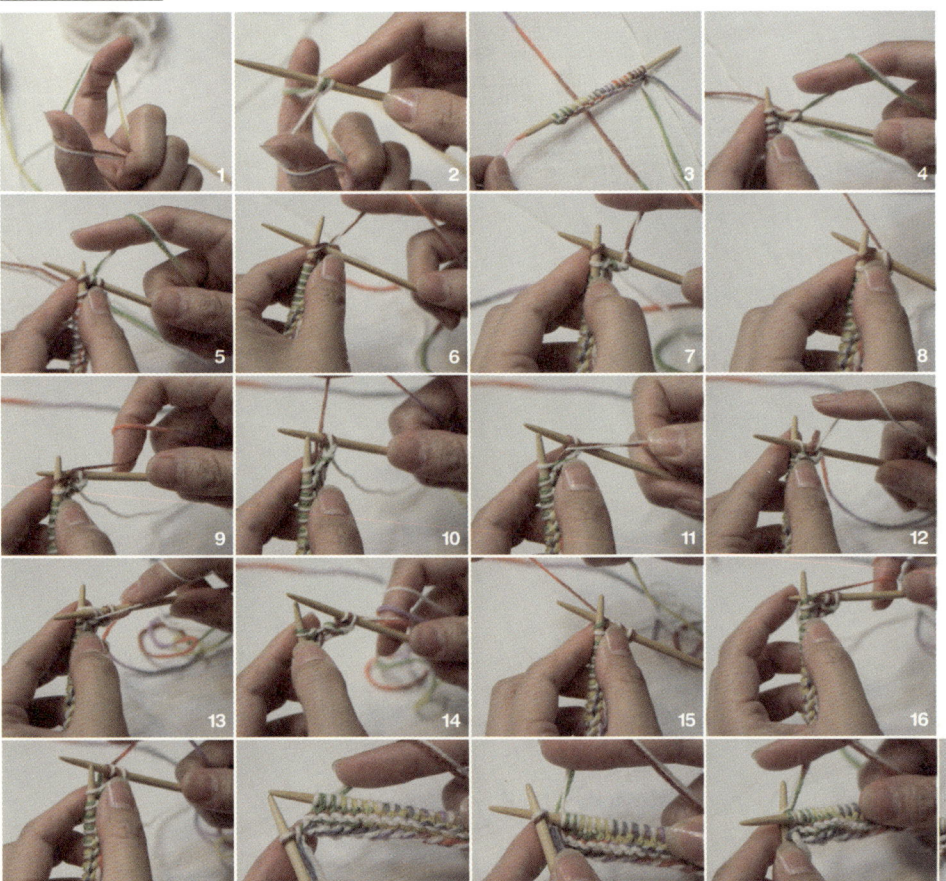

98cm 메리야스 뜨기

9cm (20코)

1~3 실 한겹으로 코 잡는 방법. 첫 코는 2코가 잡힌다 4, 5 실 2겹을 합해 겉뜨기로 1단을 뜬다. 6 첫 코만 실 2겹으로 겉뜨기한다. 7~10 복합 실을 1겹만 잡아서 겉뜨기한다. 11 실 2겹을 안뜨기 방향으로 넘긴다. 12, 13 아이보리색 실을 1코만 잡아서 안뜨기한다. 14 실 2겹을 겉뜨기 방향으로 돌린다. 15~17 다시 복합 실로 겉뜨기한다. 18 ④~⑧번을 반복하면서 1단을 뜬다. 19, 20 마지막 1코는 2가닥 실을 합해 겉뜨기한다. 21 1단이 완성된 모습. 반복해서 98cm가 될 때까지 뜬다.

베이비 보낭
p.114

재료
실
소프트붐붐(연노란색)
240g

바늘
대바늘 7mm, 돗바늘

부자재
노란색 단추 4개

게이지
12코 × 20단

이렇게 만들어요!

1. 7mm 대바늘을 이용해 60코를 잡아서 가터뜨기로 40cm를 뜬다.
2. 반으로 접은 다음 옆 라인을 돗바늘로 꿰맨다.(도안 참고)
3. 후드는 앞부분을 중심으로 반을 접은 상태에서 본다. 9코를 뜨고 12코를 코막음한 다음 나머지 콧수는 가터뜨기하여 원형으로 뜬다.(1단)
4. 코막음하고 양쪽 부분을 2-3-1, 2-2-1로 줄이면 양쪽에서 5코씩 줄어든다.
5. 그 상태에서 18cm가 될 때까지 가터뜨기한다.
6. 남아 있는 38코 중 12코는 코막음하고, 14코는 그냥 뜨고, 12코는 코막음한 다음 실을 끊는다.(도안 참고)
7. 14코로 뜬 부분은 실을 걸어서 가터뜨기로 12단을 뜬다.
8. 돗바늘을 이용해 그림과 같이 양옆을 꿰맨다.
9. 후드의 머리 부분은 42코를 잡아서 2코 고무뜨기로 3단을 뜨고 코막음한다.
10. 아랫부분은 22코를 잡아서 2코 고무뜨기로 3단을 뜨고 코막음한다.
11. 귀 부분은 5코를 잡아서 가터뜨기로 12단을 뜬 다음 코막음하여 총 2장을 완성한다.
12. 완성된 ⑪은 적당한 위치를 잡아 돗바늘로 꿰매 고정시킨다.
13. 벌어진 위아래 끝부분에 단추를 달아 열고 닫을 수 있도록 한다. 편물의 특성상 아무 곳에나 단추를 넣을 수 있으므로 단춧구멍은 별도로 만들지 않아도 된다.

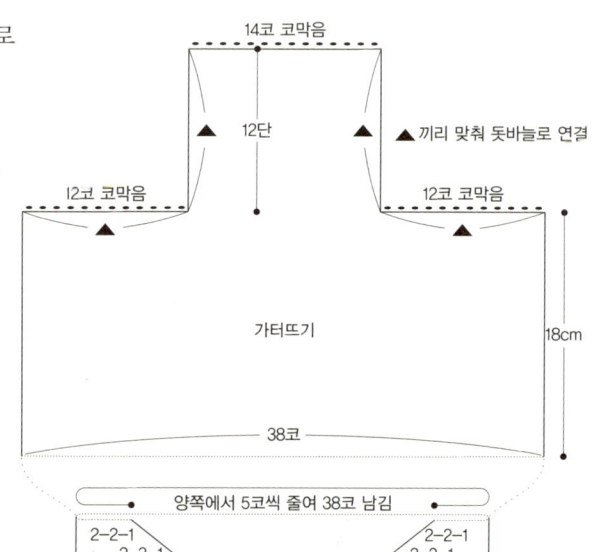

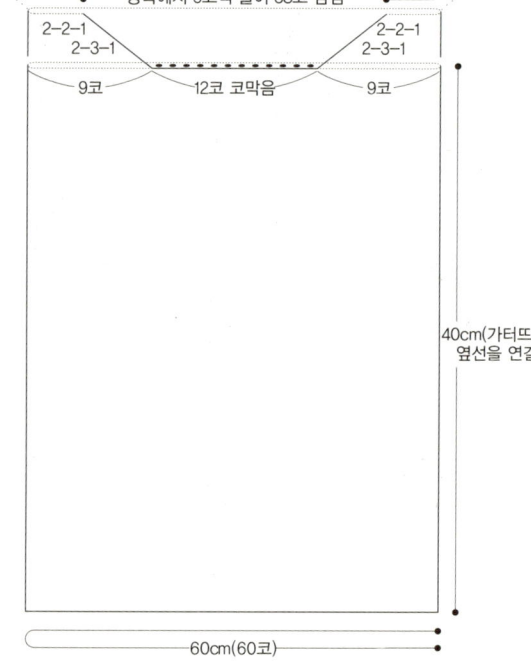

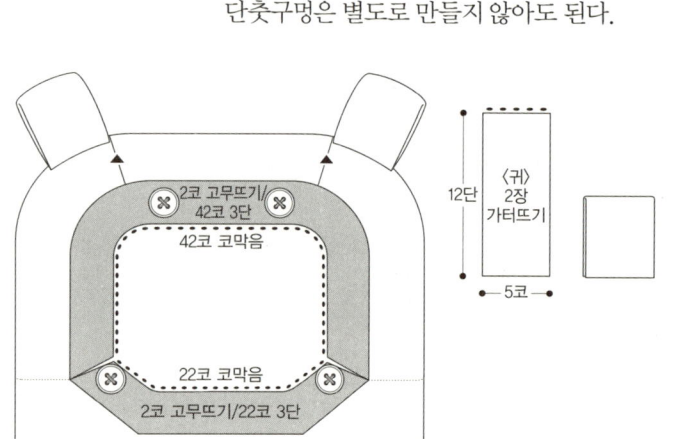

이렇게 만들어요!

1. 4.5mm 대바늘을 이용해 80코를 잡아 원형으로 연결한다.
2. 겉뜨기로 3단을 뜬 다음 2코 고무뜨기로 4cm를 뜬다.
3. 56코는 겉뜨기하고, 남은 24코는 쉼코로 다른 바늘이나 안전핀에 옮겨놓는다.
4. 56코는 메리야스뜨기로 18cm를 뜬 다음 28코씩 반으로 나누고 2코씩 같이 뜨면서 코막음한다. (www.knitter.kr 어깨 연결 부분 동영상 방 참고) 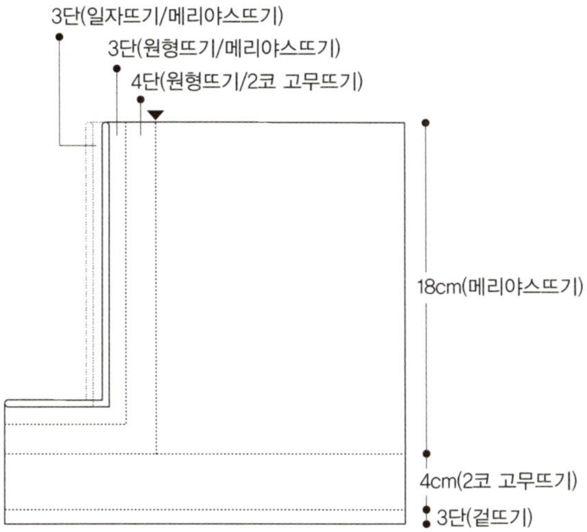
5. 앞부분은 5/0(5코에 1코 건너뛰기)으로 코줍기해서 쉼코와 같이 원형으로 2코 고무뜨기로 4단을 뜬다.
6. 메리야스뜨기로 3단까지 원형으로 뜬 다음 앞부분 24코만 코막음한다.
7. 남은 코는 메리야스뜨기로 3단을 일자로 뜬 다음 코막음한다.
8. 끈은 2코만 잡아 첫 코 걸러뜨기로 메리야스뜨기하여 70cm를 뜬다.
9. 메리야스뜨기를 한 여섯 단 안에 끈을 감싸서 돗바늘로 감침질한다.
10. 방울 기계로 방울을 만들어(p.26~27 참고) 줄 끝에 달아준다.

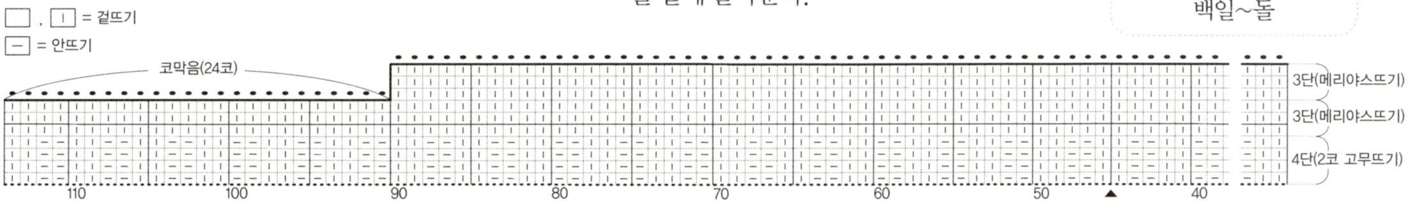

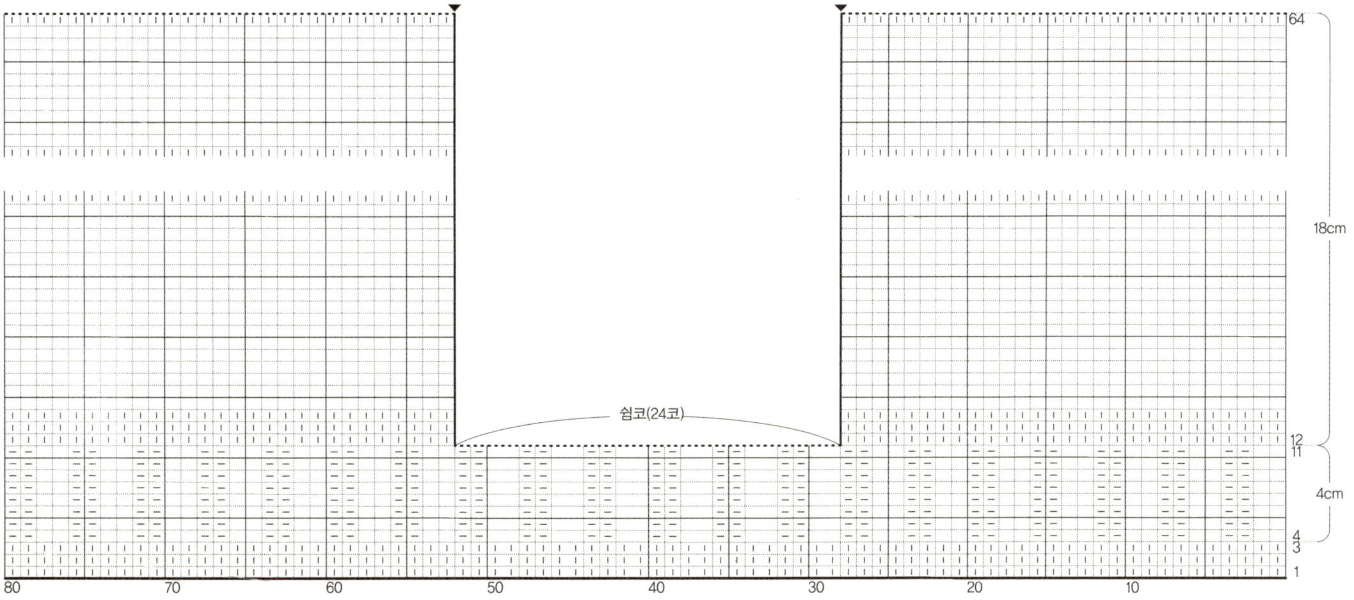

방울 모자 넥 워머
p.102

재료

실
코코로(녹색) 100g

바늘
대바늘 4.5mm, 돗바늘

부자재
안전핀,
방울 기계(지름 6cm)

게이지
20코 × 26단

사용 연령
백일~돌

코바늘 챙모자
p.103

재료

실
야채밭[호박색(노란색)]
80g

바늘
코바늘 7호, 돗바늘

부자재
노란색 단추

사용 연령
백일~1세

이렇게 만들어요!

1. 코바늘을 이용해 한길긴뜨기 12코로 원을 만든다.(도안 참고)
2. 원을 6단 만드는데, 이때 반지름이 8cm가 되도록 한다.
3. 3단은 무늬대로 연결해서 늘림 없이 6단을 그대로 뜨고 마지막 단에서 줄인다.(도안 참고)
4. 챙은 짧은뜨기로 31코를 잡아 중간에 늘려주면서 챙 그림과 같이 뜬다.
5. 7단은 끝부분에서 줄이면서 뜬다.
6. 한쪽에 단추를 달고 마무리한다.
7. 돗바늘로 자투리 실을 정리한다.

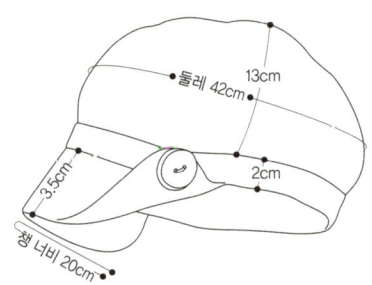

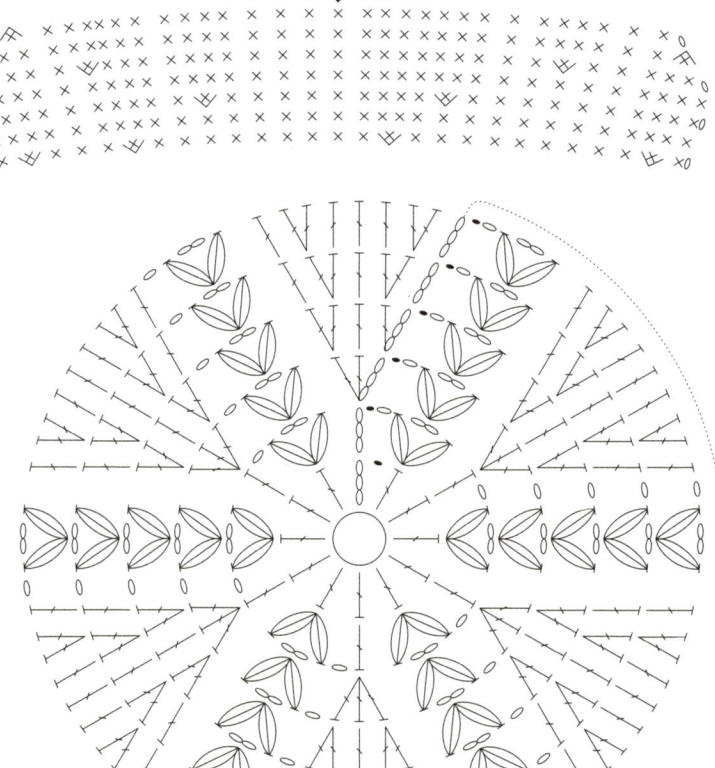

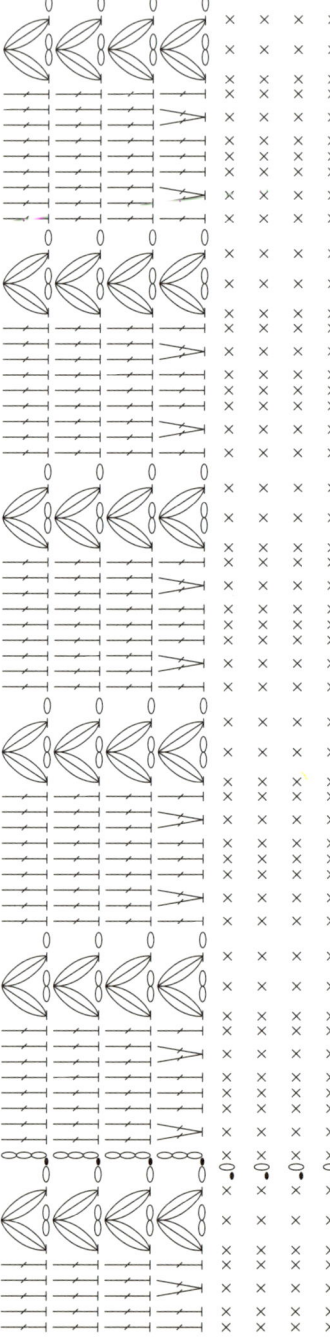

삐에로 모자
p.104

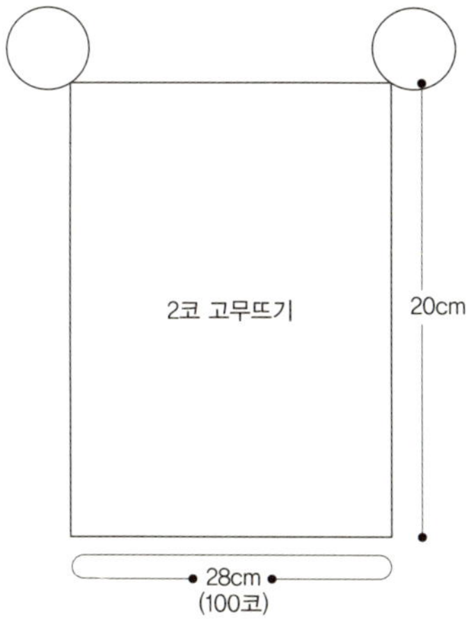

이렇게 만들어요!

1. 4mm 원형바늘을 이용해 파란색 실로 100코를 잡아 2코 고무뜨기로 20cm를 뜬다.
2. 코막음한 다음 반으로 접어서 돗바늘로 꿰맨다.
3. 노란색 방울과 녹색 방울을 만들어서 양쪽에 단다.

tip
이 모자는 신축성이 있어서 아이의 머리 크기를 잘 몰라도 거의 다 맞습니다. 방울 기계는 제일 작은 것을 사용하면 됩니다.

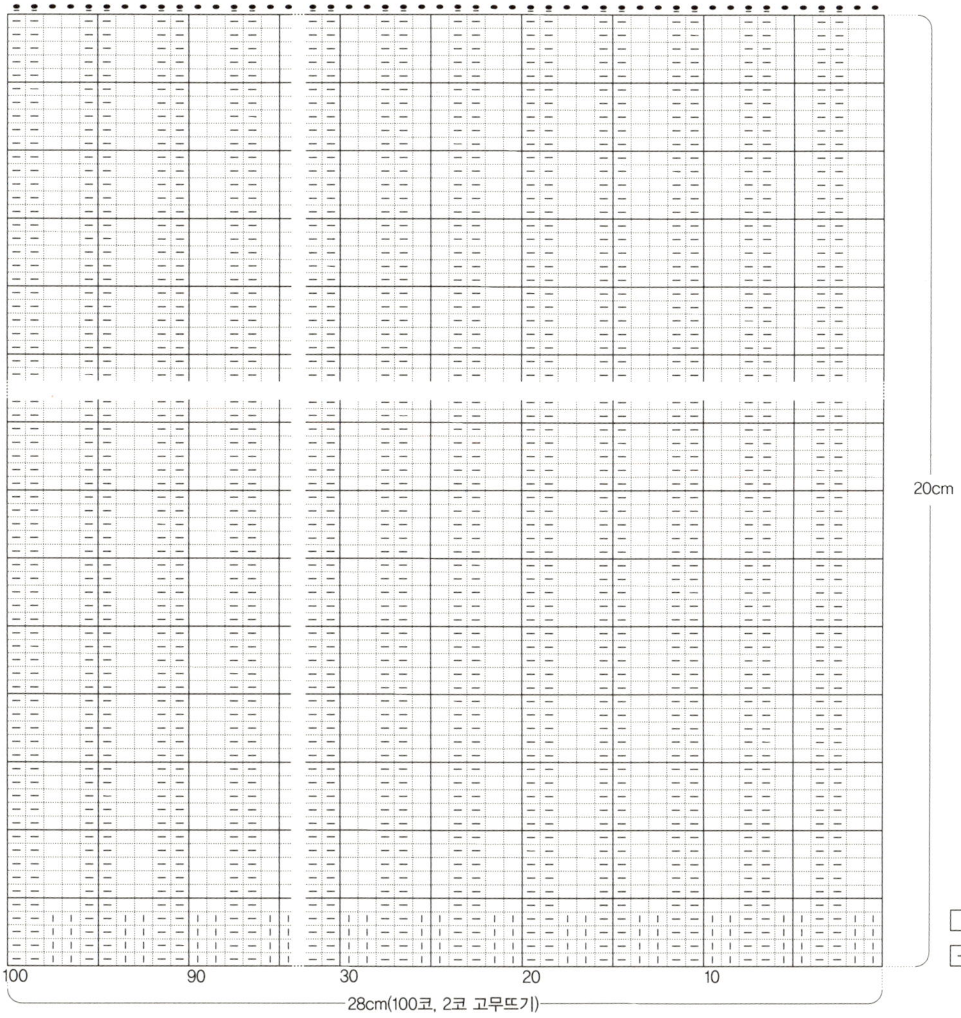

재료

실
유기농(파란색) 50g,
유기농(노란색, 녹색)
각각 10g씩

바늘
원형바늘 4mm, 돗바늘

부자재
방울 기계(지름 6cm)

게이지
22코×28단

사용 연령
0세~백일

□ . │ = 겉뜨기
— = 안뜨기

삼각 케이프
p.101

재료

실
야채밭[차조기색
(보라색)] 50g,
야채밭[당근색
(주황색)] 25g

바늘
대바늘 5mm, 돗바늘

부자재
하얀색 레이스 7cm,
이니셜 단추 6개,
방울 기계(지름 6cm)

게이지
18코×26단

> 이렇게 만들어요!

1. 5mm 대바늘을 이용하여 보라색(차조기색) 실을 80코 잡아서 가터뜨기로 6단을 뜬다.
2. 가터뜨기로 6코를 뜨고 오른코 겹치기를 해 끝에 8코를 남긴 다음 왼코 겹치기를 하여 가터뜨기로 6코를 뜬다. 즉, 양쪽 끝부분이 6코씩 가터뜨기로 들어가고 양쪽으로 2-1-21 줄이기를 한다.(도안 참고)
3. 다른 색 실로 바꿔서 같은 방법으로 2-1-12 줄이기를 한다.
4. 남은 12코를 중심으로 모아 3코 줄이기를 7회 반복한다.(12코는 계속 가터뜨기한다.)
5. 마지막 남은 1코의 실을 자른 다음 그 코 사이로 빼서 매듭짓는다.
6. 끈은 그림과 같이 옆에서 5코를 잡아 가터뜨기로 27cm를 뜬 다음 코막음한다.
7. 방울 기계를 이용해 주황색(당근색) 실로 방울을 단다.(p.26~27 참고)
8. 돗바늘을 이용해 주황색 실로 그림과 같이 수를 놓는다.
9. 편물 위에 레이스, 이니셜 단추를 올려놓고 편물과 레이스, 단추를 함께 꿰맨다.
10. 편물 위에 천을 대고 스팀다리미로 다려서 모양을 반듯하게 잡는다.

● Lazy Daisy Stitch

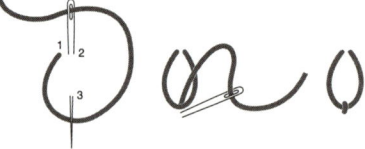

● Cross Stitch   ● Chain Stitch

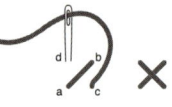 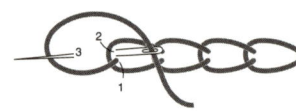

● Back Stitch

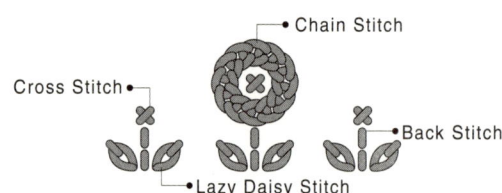

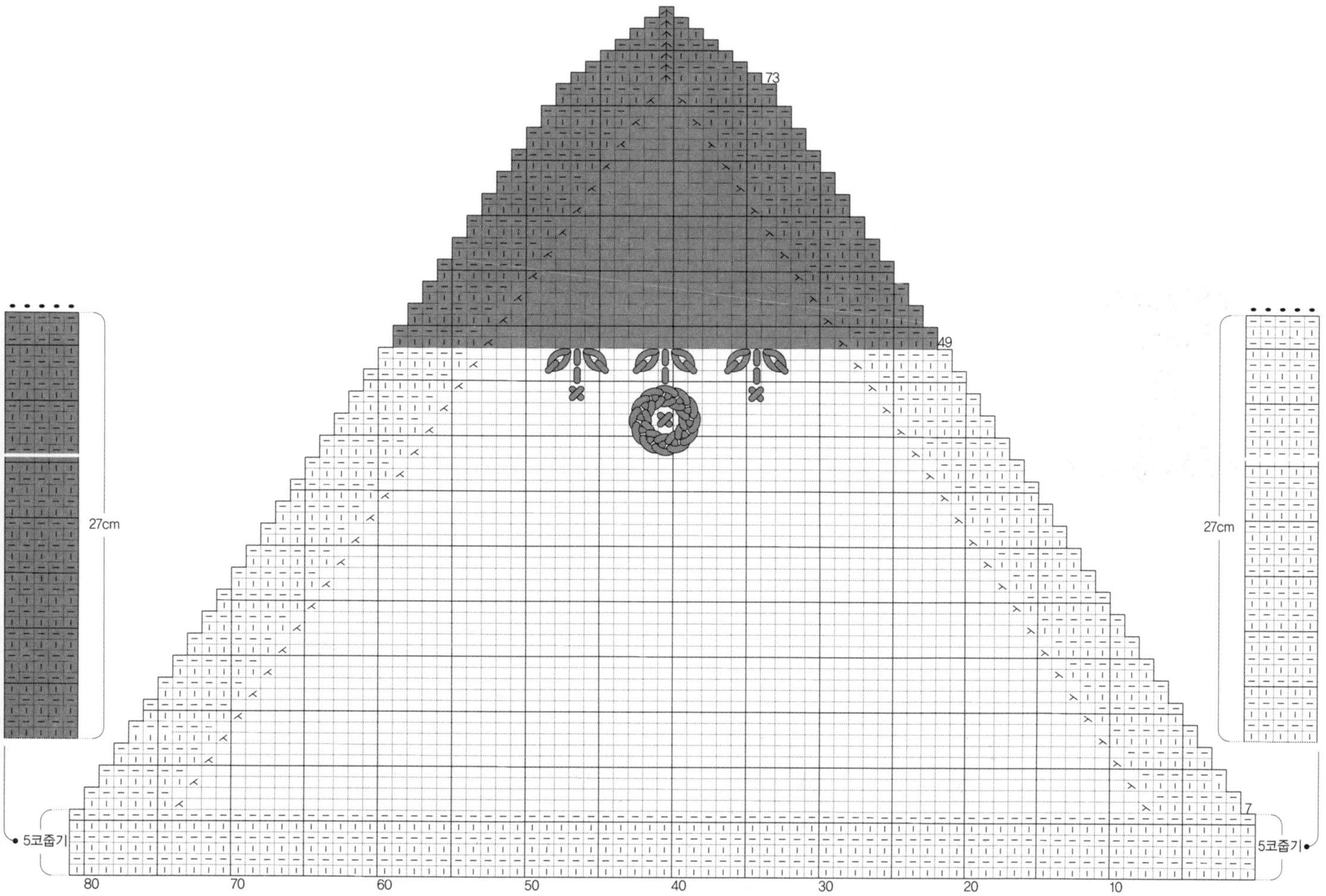

73
49
7
27cm
27cm
5코줍기
5코줍기
80
70
60
50
40
30
20
10

■, □, ■|, □| = 겉뜨기

■−, □− = 안뜨기 ■∧ = 중심 3코 모아뜨기

■⋌, □⋌ = 왼코 겹치기 ■⋋, □⋋ = 오른코 겹치기

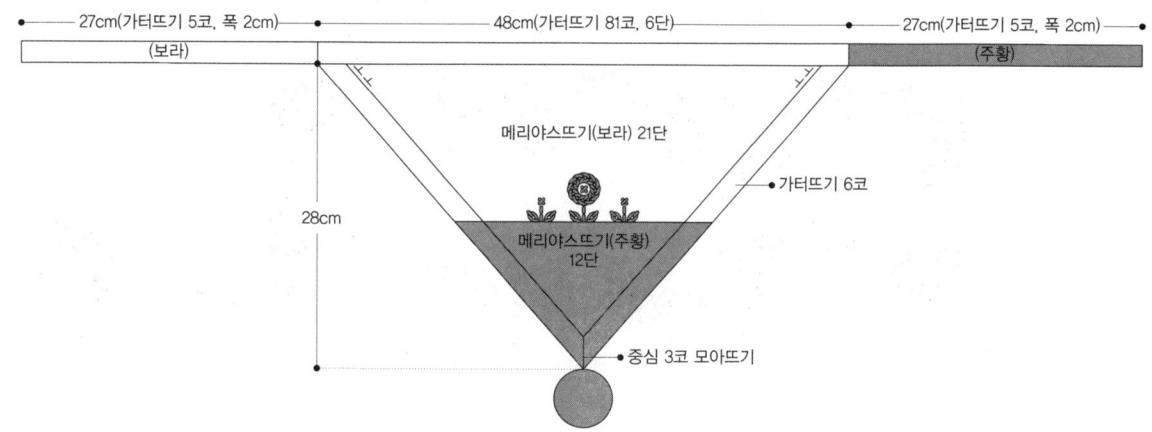

27cm(가터뜨기 5코, 폭 2cm)
48cm(가터뜨기 81코, 6단)
27cm(가터뜨기 5코, 폭 2cm)
(보라)
(주황)
메리야스뜨기(보라) 21단
가터뜨기 6코
28cm
메리야스뜨기(주황)
12단
중심 3코 모아뜨기

토끼털 장식 모자 망토
p.106

재료

실
매직클래시(분홍색)
200g, 토끼털(보라색)
약 4m

바늘
대바늘 6mm,
코바늘 8호, 돗바늘

게이지
16코 × 20단

사용 연령
4~6세

이렇게 만들어요!

1 6mm 대바늘을 이용해 110코를 잡는다.
2 2코 고무뜨기로 20cm를 뜬다.
3 2코를 한 번에 떠서 55코로 줄이고 55코를 남긴다.
4 55코를 1코 고무뜨기로 4cm를 뜬다.
5 55코를 늘려 110코를 만든다. 겉뜨기할 때 아래코를 끌어올려 늘린 코를 겉뜨기로 뜨고 (겉뜨기 2코), 안뜨기할 때 안뜨기 아래코를 끌어올려 늘린 코를 안뜨기로 뜬다.(안뜨기 2코)
6 같은 방법으로 110코가 될 때까지 한다.(p.133 코 늘리기 도안 참고)
7 110코가 되면 길이 24cm가 될 때까지 2코 고무뜨기를 뜬다.
8 중심에 2코를 만든 다음 양쪽에서 2단에 1코씩 총 다섯 번 코 줄이기(2-1-5)를 한다. 총 10코가 줄어든다. 중심 2코는 다른 색 실로 표시하고, 중심 2코를 사이에 두고 1코씩 왼코 겹치기와 오른코 겹치기로 줄인다. 1단은 줄이고 1단은 줄임 없이 그대로 뜨는 걸 다섯 번 반복하면 총 10단을 뜨게 된다. 이때 중심 2코는 바뀌지 않는다.
9 코막음한 다음 반으로 접어 돗바늘을 이용해 감침질로 연결한다.
10 앞부분 밑의 A지점에서 B지점(10cm)까지 돗바늘로 연결한 다음 실밥을 정리한다.
11 코바늘을 이용해 보라색 실로 짧은뜨기해서 전체 테두리에 둘러준다.(사진 참고) 후드 부분과 밑단 부분은 따로 둘러준다.

〈코바늘로 라인 둘러주기〉

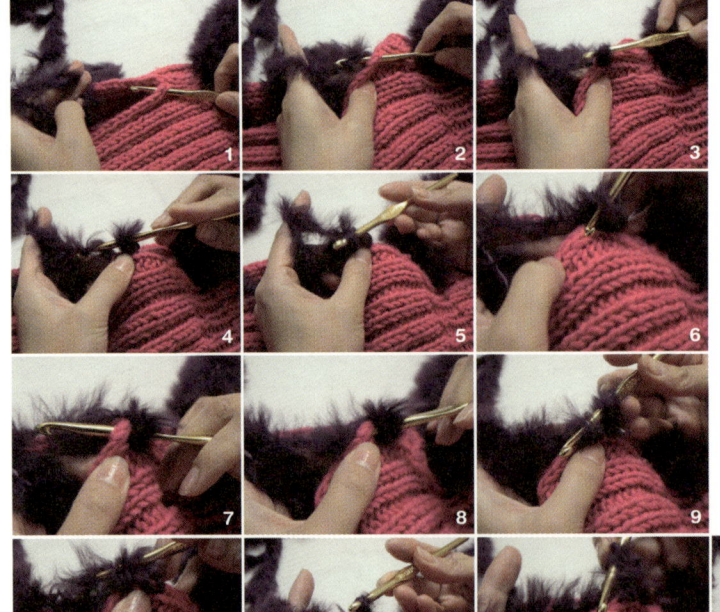

1~3 코바늘로 밑단 가운데서 시작코를 잡는다. 4, 5 사슬 1 코를 뜬다. 6 1코를 띄고 그다음 코에 코바늘을 넣는다.
tip) 매 코마다 잡으면 전체 라인이 운다.
7, 8 코바늘에 실을 걸어서 뺀다. 9 2코를 만든다. 10, 11 2코를 같이 한 번에 뜬다 (짧은뜨기).
12, 13 마찬가지 방법으로 ③번~⑥번을 반복하면서 전체를 둘러준다.
tip) 모서리 부분은 1코에 두 번 짧은뜨기를 해주어야 모서리 부분이 울지 않고 예쁘게 라인이 잡힌다.

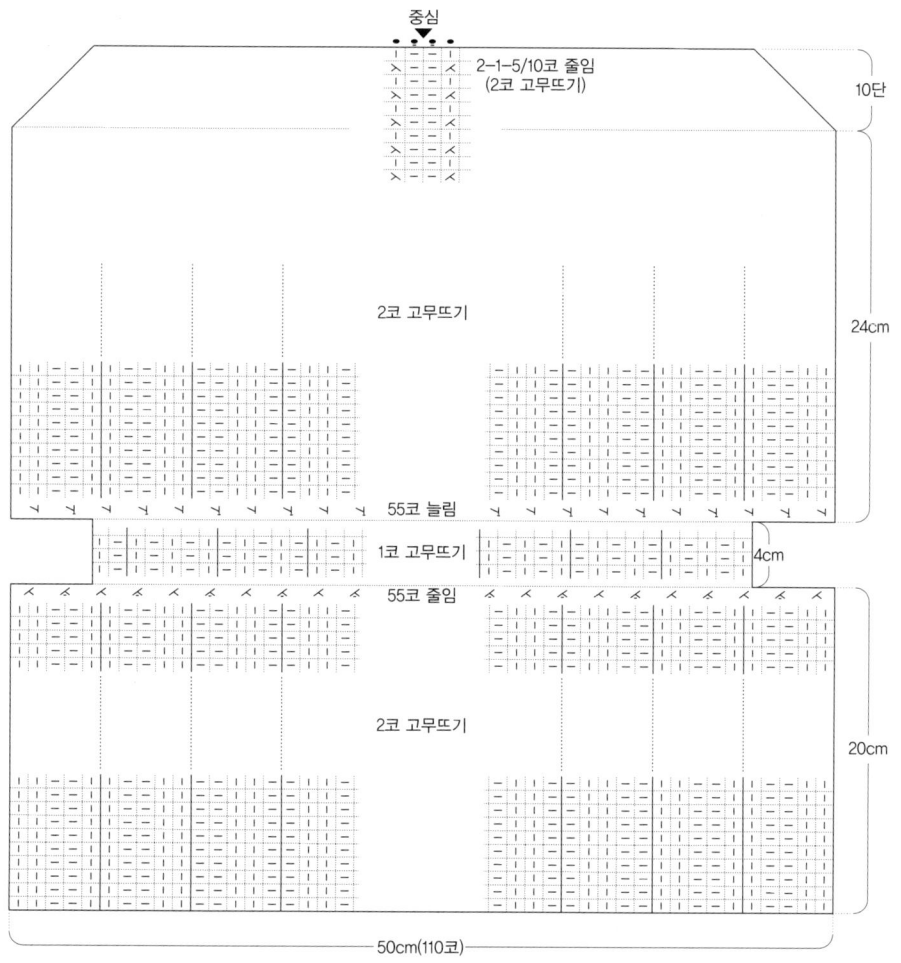
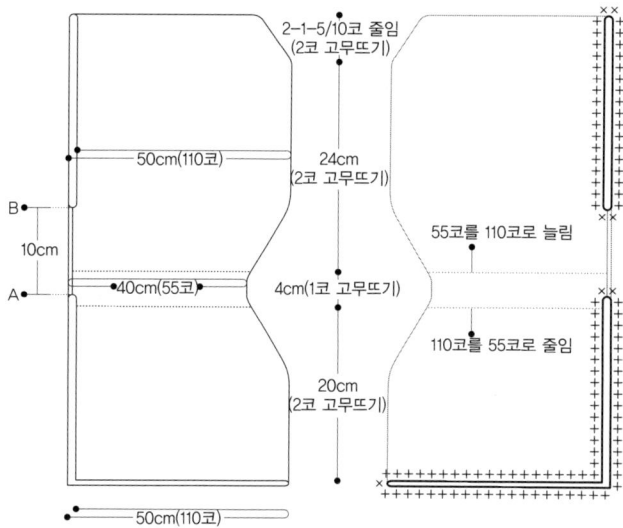

배기팬츠
p.105

이렇게 만들어요!

1. 4mm 대바늘을 이용해 녹색 실로 44코를 잡아 메리야스뜨기로 24cm를 뜬다.
2. 노란색 실을 이용해 ①과 같은 방법으로 1장 더 뜬다.
3. 파란색 실로 22코를 잡아 메리야스뜨기로 24cm를 뜬다.
4. 녹색과 노란색 편물을 반으로 접어 아랫부분을 반(24cm)만 연결한 다음 파란색 편물을 가운데 두고 양쪽에서 꿰맨다.(도안 참고)
5. 세 개의 판을 연결한 바지 윗부분에서 124코를 잡는다.
6. 원형으로 겉뜨기만 3cm를 뜬 다음 2코 고무뜨기로 4cm를 뜬다.
7. 겉뜨기로 2단을 뜬 다음 코막음하는데, 이때 코막음을 살짝 느슨하게 한다.
8. 허리끈은 3코만 잡아서 첫 코를 걸러뜨기하고 메리야스뜨기로 70cm를 뜬다. (p.135 '끈 만들기' 참고) 끈을 달기 전에 스팀다리미로 다려서 모양을 잡는다.
9. 바지 아랫단의 양쪽 끝을 살짝 올려서 단추를 달고 너구리 모양 아플리케를 단다.

재료

실
유기농(파란색) 80g,
유기농(녹색, 노란색)
각각 40g씩

바늘
대바늘 4mm, 돗바늘

부자재
단추 2개, 아플리케
2장, 자수 실(일반
바느질 실)

게이지
22코×28단

사용 연령
백일 전후

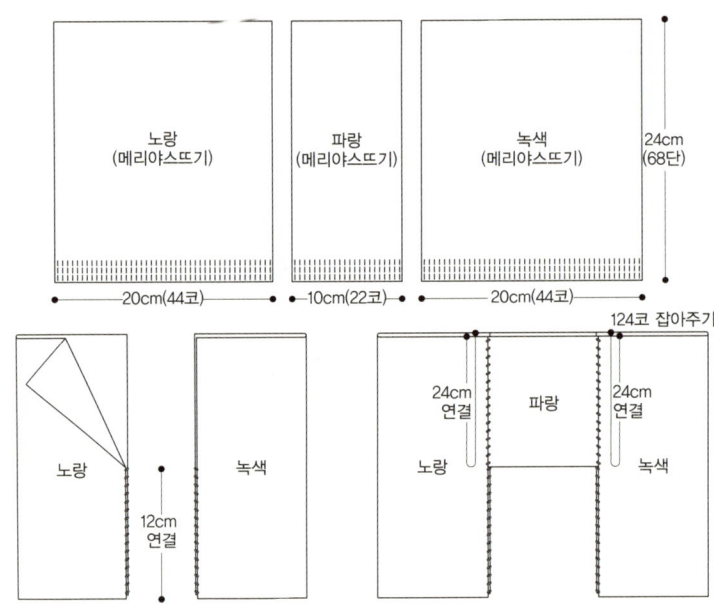

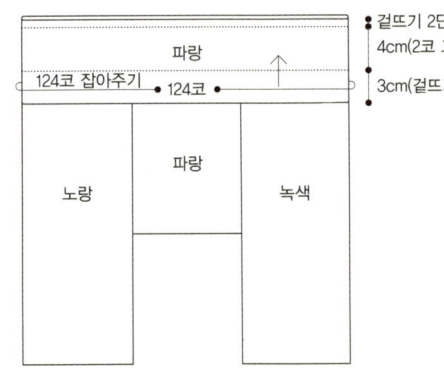

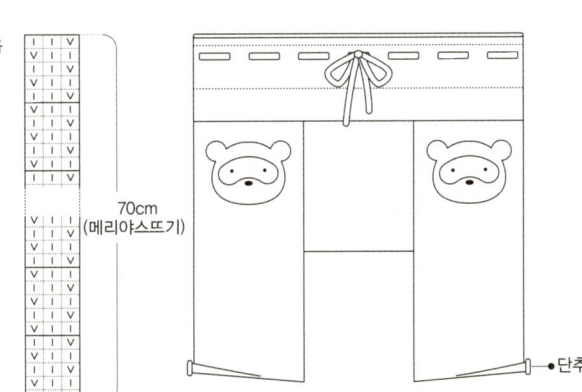

〈끈 만들기〉

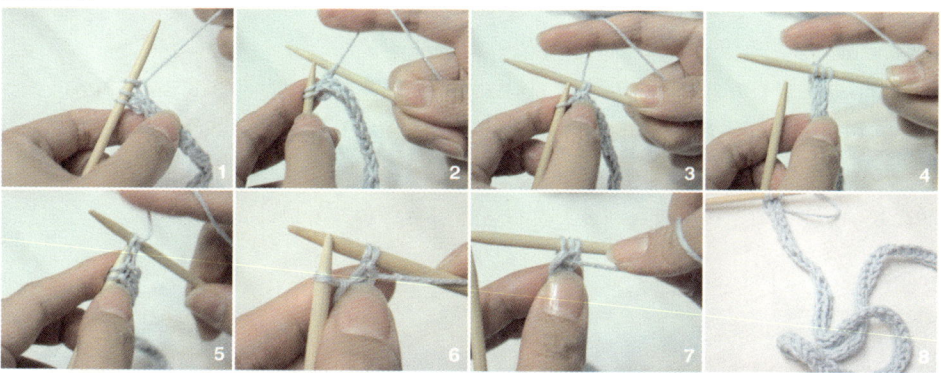

1 3코를 잡는다. 2 첫 코는 뜨지 않고 걸러뜨기한다. 3, 4 나머지 2코는 겉뜨기한다. 5 안뜨기로 첫 코를 걸러뜨기한다. 6, 7 남은 2코는 안뜨기한다. 8 반복해서 원하는 크기만큼 뜬다.

방울 고깔 모자
p.108

이렇게 만들어요!

1. 4mm 대바늘을 이용해 녹색으로 66코를 잡아 가터뜨기로 3cm(10단)를 뜬다.
2. 분홍색 실로 바꾼 다음 메리야스뜨기로 16cm가 될 때까지 뜬다.
3. 코를 반으로 나누어 33코씩 겉끼리 마주 보게 한 다음 2코를 같이 떠서 코막음한다.(사진 참고)

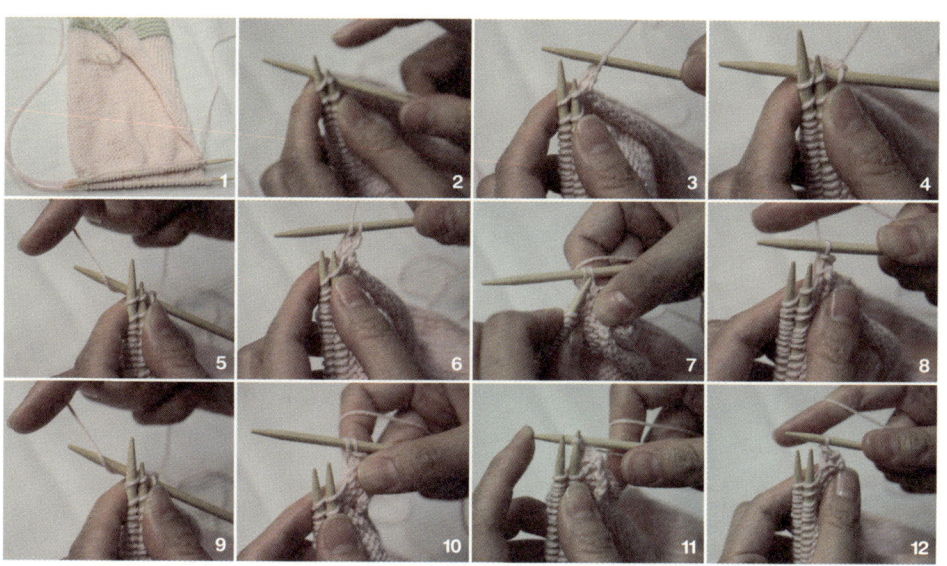

1 콧수를 반으로 나누어 사진과 같이 안뜨기 모양이 나오도록 접는다. 2, 3 2코를 같이 겉뜨기한다. 4~6 1코를 더 만든다. 7~8 2코가 되면 뒤에 있는 코를 앞으로 엎어서 코막음한다. 9~10 또 1코를 뜬다. 11~12 뒤에 있는 코를 앞으로 엎는다. 같은 방법으로 끝까지 뜬다.

재료

실
유기농(녹색, 분홍색)
각각 40g씩

바늘
대바늘 4mm, 돗바늘

부자재
방울 기계(지름 6cm)

게이지
22코 × 28단

사용 연령
0~1세

4 녹색 실로 코를 7코에 1코씩 버리면서 98코를 잡는다.
  (www.knitter.kr '동영상 자료실'에서 '목 라인 코줍기' 참고)

5 감아코 40코를 만들어서 감아코 부분은 가터뜨기하고 코를 잡은 부분은 2코 고무뜨기한다. 1단을 뜨면서 반대편 부분도 감아코 40코를 잡는다. 총 9단(3cm)을 뜬 다음 코막음으로 마무리한다.

6 제일 작은 방울 기계를 이용해 녹색과 분홍색으로 방울을 만들어 단다.

〈감아코 만들기〉

1 왼쪽 검지손가락에 실을 감는다. 2, 3 바늘에 끼운다.
4 손가락을 뺀다. 5 실을 잡아 당긴다. 이때 원하는 콧수만큼 삽는다.

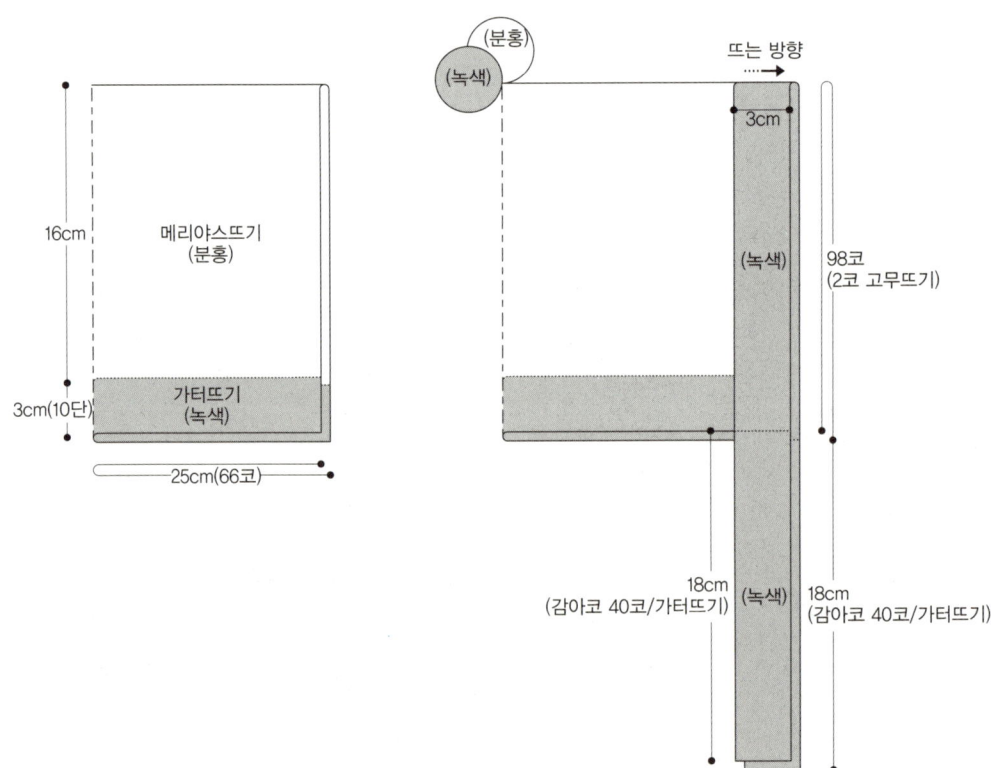

이렇게 만들어요!

1. 3.5mm 대바늘을 이용해 살구색 실로 10코를 잡아서 가터뜨기로 6단을 뜬 다음 메리야스뜨기로 7단을 뜬다.
2. 녹색 실로 바꿔 가터뜨기로 4단을 뜬다.
3. 감아코 23코를 만든 다음 가터뜨기로 1단을 뜬다.
4. 반대편도 감아코 23코를 만들어서 가터뜨기로 16단을 뜬다.
5. 양쪽 끝에서 2단에 한 번씩 코 줄이기를 네 번 한 다음 코막음한다.
6. 살구색 실로 바꿔 10코를 시작했던 부분에서 코를 잡고 감아코 12코를 만든다.
7. 안뜨기 1단을 뜨면서 반대편도 감아코 12코를 만들어서 2코 고무뜨기로 22단을 뜬다.
8. 녹색 실로 바꿔서 겉뜨기 1단, 안뜨기 1단, 겉뜨기 1단, 안뜨기 1단, 겉뜨기 1단을 뜬 다음 코막음한다.
9. 돗바늘로 연결한 다음 양쪽에 단추를 단다. (연결 방법은 p.153 '발싸개' 사진 참고)

베이비 양말
p.108

재료

실
유기농(그린색, 살구색)
각각 25g씩

바늘
대바늘 3.5mm, 돗바늘

부자재
리본 단추 2개

게이지
22코×34단

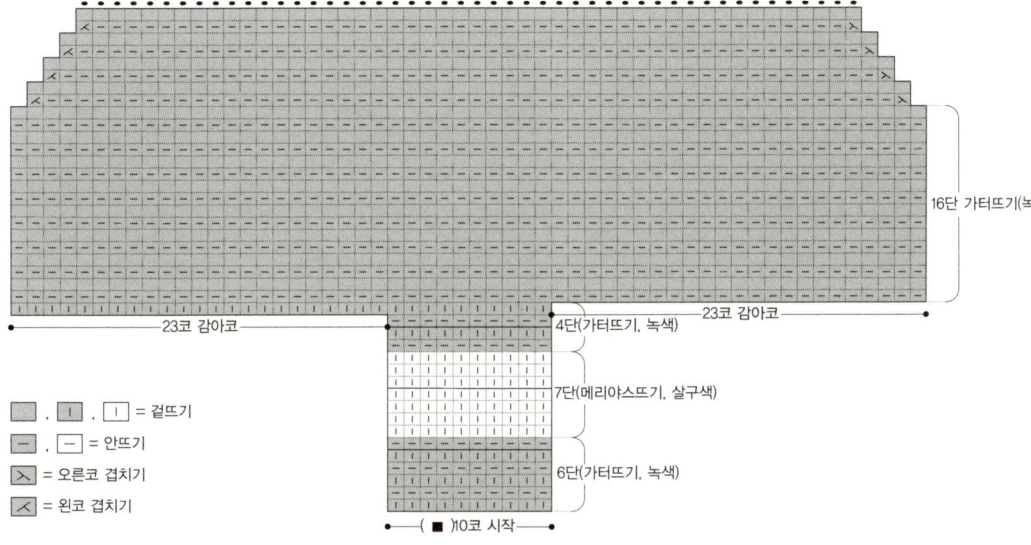

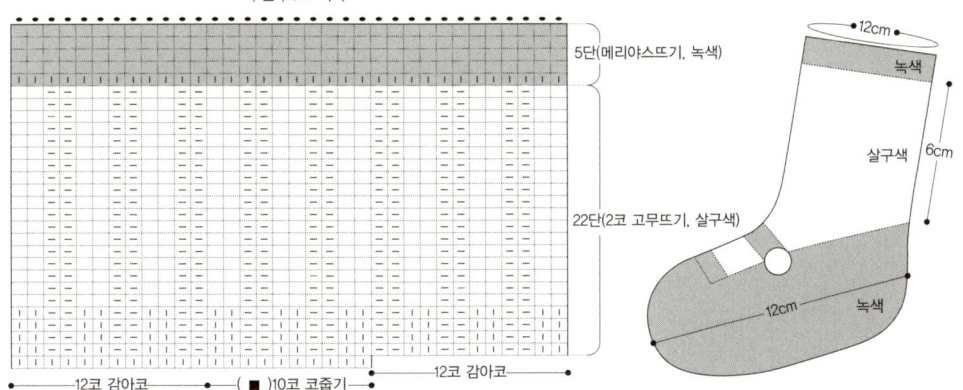

나무 단추로 멋낸 조끼
p.107

재료

실
야채밭[호박색
(노란색)] 80g,
야채밭[우엉색(밤색)]
40g

바늘
대바늘 5mm, 돗바늘

부자재
나무 단추 5개

게이지
18코×24단

> 이렇게 만들어요!

뒤판

1. 5mm 대바늘을 이용해 밤색(우엉색) 실로 58코를 잡아 2코 고무뜨기로 3cm(8단)를 뜬다.
2. 노란색(호박색) 실로 겉뜨기 14코, 밤색 실 4코, 노란색 실 22코, 밤색 실 4코, 노란색 실 14코를 세로로 배색하면서 겉뜨기한다.
3. 다음 단을 뜰 때에는 노란색 실은 안뜨기로, 밤색 실은 겉뜨기로 뜬다. 밤색 실로 뜰 때 노란색 실을 꼬아가면서 뜬다. 배색할 때 실을 한 번 꼬아주어야 정리가 된다.
4. ②, ③번과 같은 방법으로 밤색 4코를 2개로 세로 배색하면서 12cm(30단)를 뜬다.
5. 진동은 양쪽으로 2-3-1, 2-2-1, 2-1-2로 줄인다.
   (www.knitter.kr '동영상 자료실'에서 '진동줄임' 참고)
6. 진동을 줄인 부분부터 5cm(12단)를 더 뜬 다음 밤색 실로만 가터뜨기로 2cm(6단)를 뜬다.
7. 노란색 실로 바꿔서 7cm(16단)를 뜨고 어깨처짐을 한다.
   (p.140 도안 또는 www.knitter.kr '동영상 자료실'에서 '어깨처짐' 참고)

앞판

1. 5mm 대바늘을 이용해 밤색 실로 27코를 잡아서 2코 고무뜨기로 3cm(8단)를 뜬다.
2. 노란색 실 9코, 밤색 실 3코, 노란색 실 3코, 밤색 실 3코, 노란색 실 9코를 겉뜨기로 뜬다.
3. 다음 단에서는 노란색 부분을 안뜨기로, 밤색 부분에서는 노란색 실을 꼬아가면서 겉뜨기로 뜬다. 밤색 세로 배색 부분은 3코 가터뜨기한다.
4. 진동은 한쪽에서만 2-3-1, 2-2-1, 2-1-2로 줄인다.(한쪽은 겉뜨기 쪽에서만 진동 줄이기, 다른 한쪽은 안뜨기 쪽에서만 진동 줄이기를 한다.)
5. 진동을 줄인 부분부터 5cm(12단)를 더 뜬 다음 밤색 실로만 가터뜨기로 2cm(6단)를 뜬다.
6. 노란색 실로 4cm(10단)를 뜨고 목 선 줄이기를 2-4-1, 2-3-1, 2단평으로 뜬다.(한쪽은 겉뜨기 쪽에서만, 다른 한쪽은 안뜨기 쪽에서만 줄인다.)
7. 어깨처짐은 11코만 가지고 되돌아뜨기한다. 반대편도 같은 방법으로 만든다.

마무리

1. 앞판 2장과 뒤판을 마주 보게 한 다음 어깨 부분의 2코를 같이 떠서 코막음으로 연결한다.
2. 안과 안을 마주 보게 하고 돗바늘을 이용해 겉에서 옆선을 꿰맨다.
   (www.knitter.kr '동영상 자료실'에서 '옆선잇기' 참고)
3. 목선 부분에서 58코 잡아서 가터뜨기로 8cm를 뜨고 코막음한다.
4. 앞 라인은 3코에 1코씩 버리고 52코를 잡는다.
5. 입었을 때 오른쪽 판은 가터뜨기로 7단(2.5cm)을 뜨고 코막음한다. 입었을 때 왼쪽 판은 가터뜨기로 2단을 뜨고 단춧구멍을 만든다.(p.140 도안 참고) 도안과 같이 2코 부분은 코막음하고 그다음 단에서 코막음한 부분에 감아코를 만들면서 뜬다. 단춧구멍을 만든 후 5·6·7단은 가터뜨기하고 코막음한다.
6. 반대편 진동 부분도 같은 방법으로 한다.

8 돗바늘을 이용해서 나무 단추를 노란색 실로 단춧구멍 위치에 단다.
9 스팀다리미로 다림질하거나 드라이클리닝으로 모양을 잡는다.

> [tip]
> 진동 부분이나 앞 라인의 코를 잡을 때는 가터뜨기하기 때문에 코를 많이 잡으면 울 수 있으니 주의합니다.

〈세로 배색하기〉

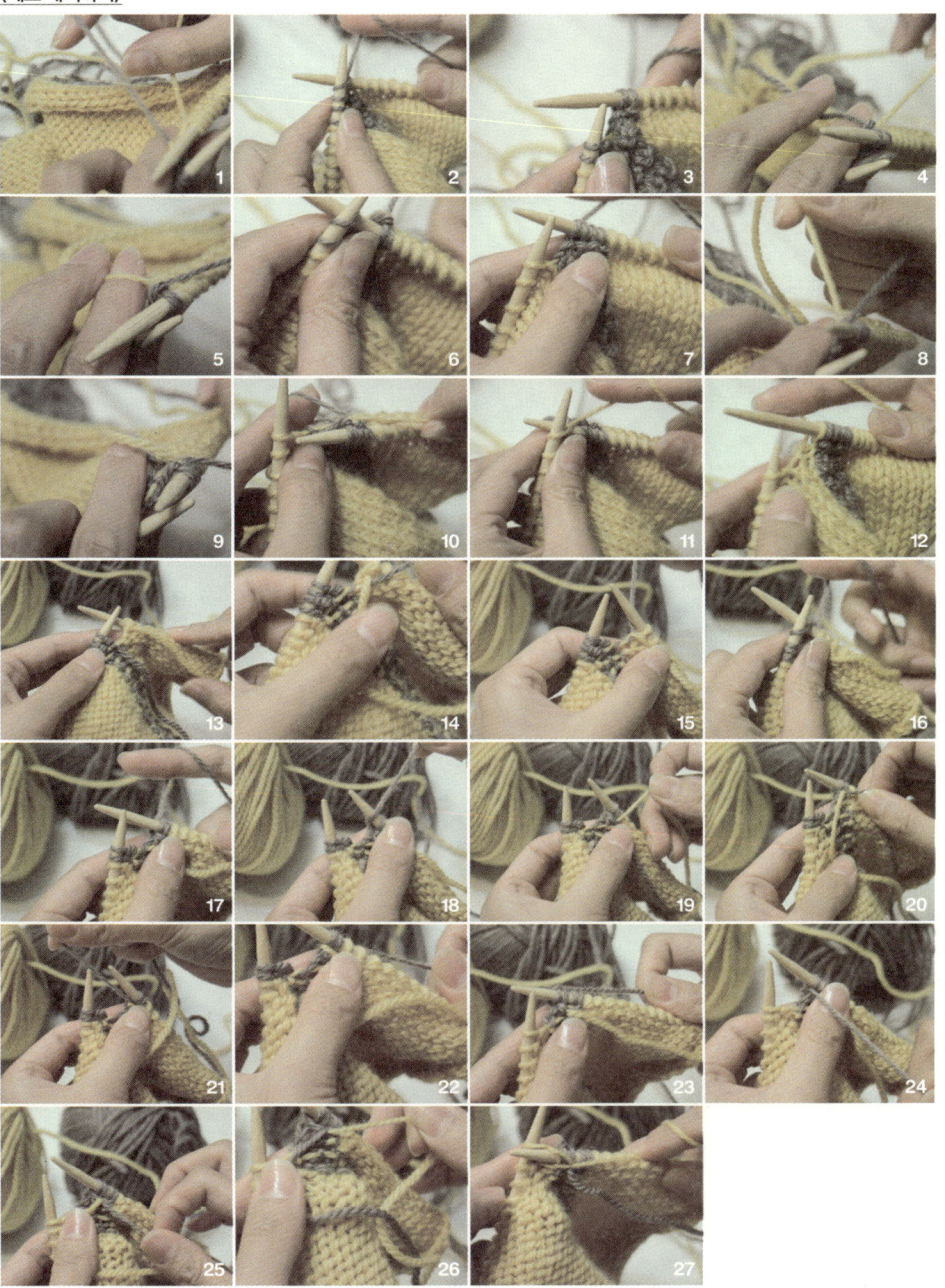

※야채밭 실은?
폐기 처분되는 연간 50~100만 톤 정도의 채소에서 추출한 천연색소를 이용해 만든 실입니다. 폐기 채소에서 추출한 천연색소를 메리노 울에 염색하여 만든 것으로, 지구환경에 좋은 에콜로지 상품이라 할 수 있지요. 천연염료는 염색할 때 폐수도 깨끗하고 극히 소량일 뿐 아니라 세탁에 의한 탈색이나 이염, 빛(햇빛이나 전등 등)에 의한 변색이나 탈색도 잘 일어나지 않아요. 멜란지풍의 깨끗하고 순수하면서 입기 편한 색감이 특징으로 니트, 소품, 유아용품까지 폭넓게 사용할 수 있어요.

1, 2 밤색과 노란색 실을 서로 꼰다. 3 밤색 실로 2코를 뜬다. 4, 5 다시 노란색과 밤색 실을 꼰다. 6, 7 밤색 실로 2코를 뜬다. 8~12 노란색이 앞으로 오도록 밤색과 노란색 실을 꼰다. 노란색 실로 겉뜨기한다. 13 안뜨기 쪽에서 배색할 때. 14 밤색과 노란색 실을 꼰다. 15 밤색 실을 겉뜨기 방향으로 돌린다. 16, 17 밤색 실로 겉뜨기 2코를 뜬다. 18 밤색 실을 안뜨기 쪽으로 돌린다. 19, 20 밤색과 노란색 실을 꼰다. 21, 22 다시 노란색 실을 겉뜨기 쪽으로 돌려준다. 23 밤색 실로 2코를 걷뜨기로 뜬다. 24 밤색 실을 안뜨기 쪽으로 돌려준다. 25, 26 노란색이 위로 올라오도록 노란색과 밤색 실을 꼰다. 27 노란색 실로 안뜨기한다.

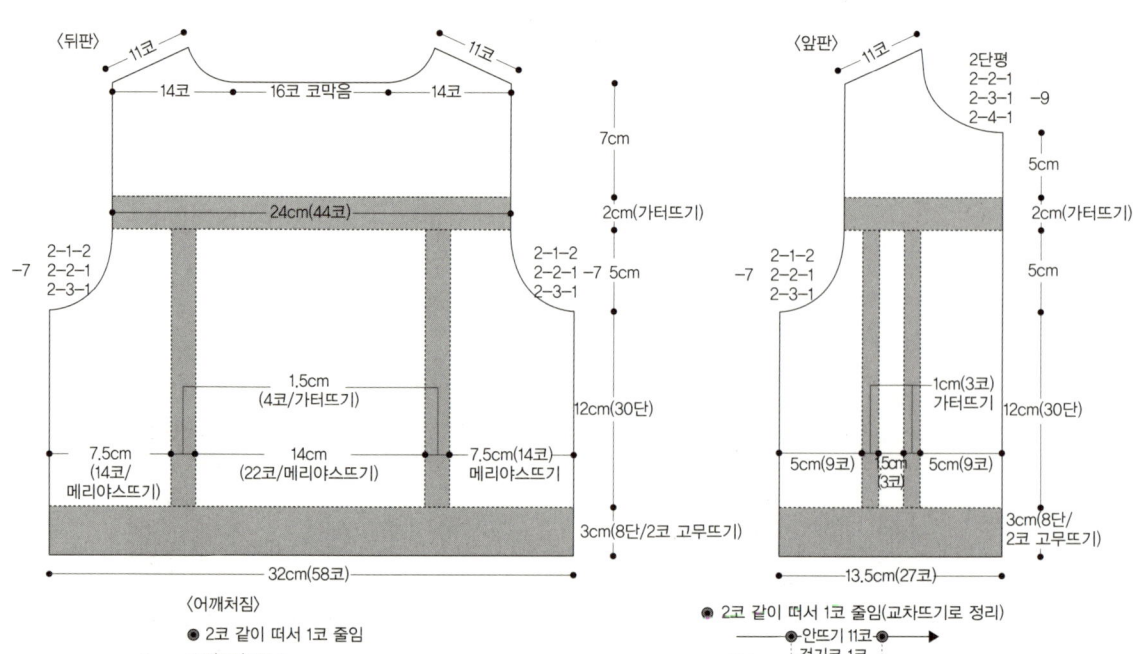

눈사람 어그 부츠
p.110

재료

실
코코로(녹색, 파란색, 빨간색) 각각 100g씩

바늘
코바늘 4호

부자재
벨크로 테이프 조금, 눈사람 단추 2개씩 6쌍, 양모 원단 1/2마, 미끄럼 방지 용액

사용 연령
백일~1세

이렇게 만들어요!

1. 코바늘을 이용해 도안대로 ❶~❹까지 뜬다.(테두리도 짧은뜨기로 둘러준다.)
2. 양모 원단은 어그 부츠 4조각에 맞추어 자른다.(사이즈는 조금 작게 자른다.)
3. 양모 원단과 니트 조직을 같이 꿰맨다.
4. ❶과 ❷를 짧은뜨기를 이용해 연결한다.
5. ④에 ❹를 짧은뜨기로 연결한다.
6. ⑤에 ❸의 바닥을 연결한다.
7. 양모 원단을 가로세로 24cm×4cm 크기로 잘라서 부츠 윗부분에 대고 꿰맨다.
8. 눈사람 단추를 양쪽에 달고, 벨크로 테이프를 반박음질로 고정한다.
9. 발바닥 쪽에 미끄럼 방지 용액을 원하는 모양으로 붙여서 말린다.

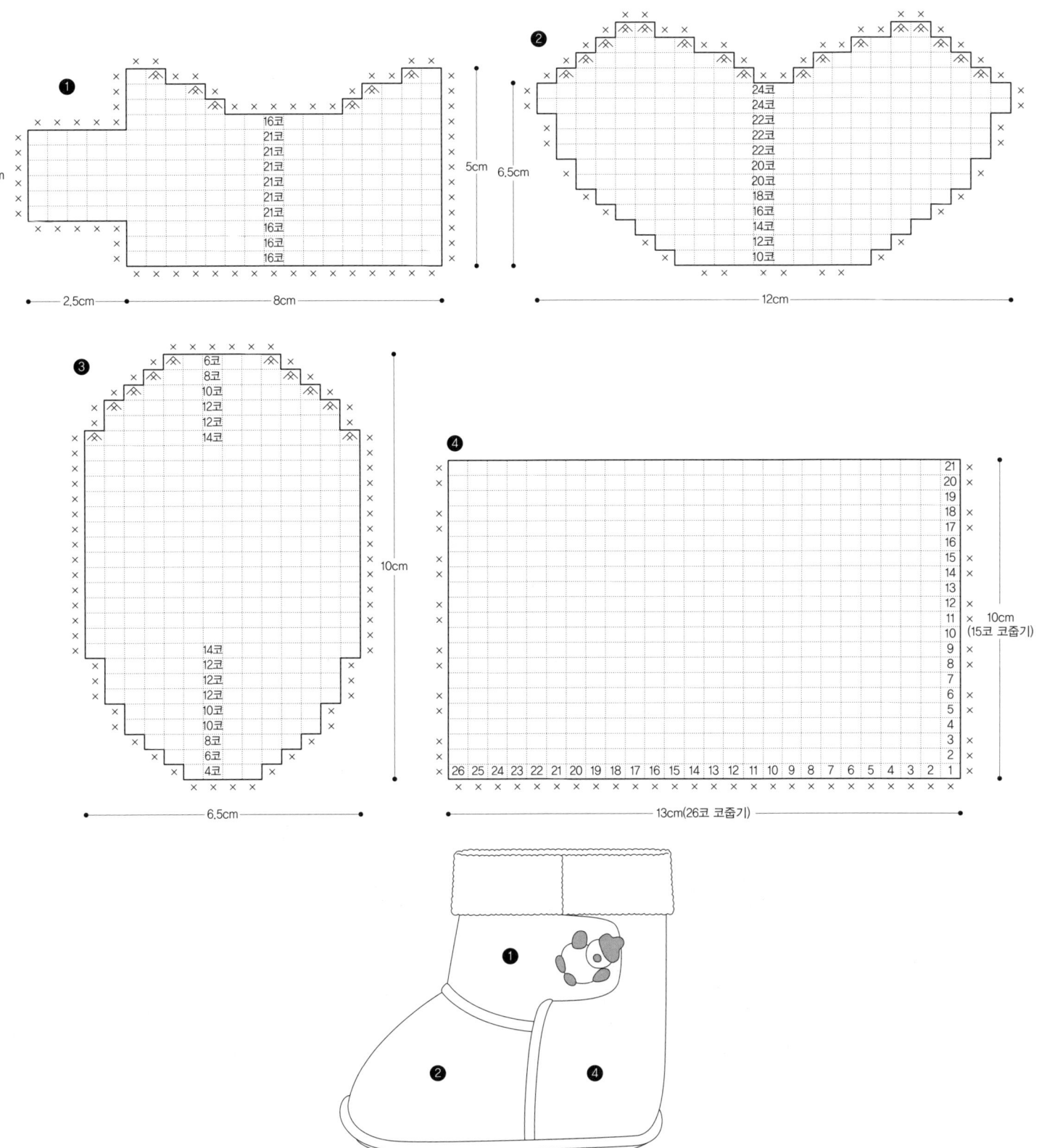

슬리브리스 원피스
p.112

재료

실
메리노골드(보라색)
150g

바늘
대바늘 4.5mm, 돗바늘

부자재
보라색 레이스 1마,
아이보리색 토션 레이스
1마, 연보라색 레이스
1/2마

게이지
21코×28단

사용 연령
백일~1세

> **이렇게 만들어요!**

1. 4.5mm 대바늘을 이용해 80코를 잡아서 메리야스뜨기로 19.5cm를 뜬다.
2. 꽈배기무늬를 9개 만들어서 8cm를 뜬다. 꽈배기무늬는 10단마다 넣는다.(꽈배기무늬 만드는 법은 사진이나 p.143 도안 참고) 세 번째 꽈배기무늬를 넣은 다음 2단은 모양대로 뜨고 돗바늘로 2코 고무뜨기를 마무리한다.(사진 참고)
3. 같은 방법으로 1장을 더 만든다.
4. 어깨끈은 5코를 잡아서 메리야스뜨기로 16cm를 뜬다.

마무리

1. 치마 아랫단에 보라색 레이스를 대고 반박음질한다.
2. 아이보리색 토션 레이스를 보라색 레이스 위에 올린 다음 위아래로 반박음질한다.
3. 어깨끈을 몸판 앞뒤에 연결한 다음 연보라색 레이스를 끈 뒤에 대고 양쪽을 움직이지 않게 반박음질한다.
4. 스팀다리미로 다림질하거나 드라이클리닝으로 모양을 예쁘게 잡는다.

〈꽈배기무늬 만들기〉

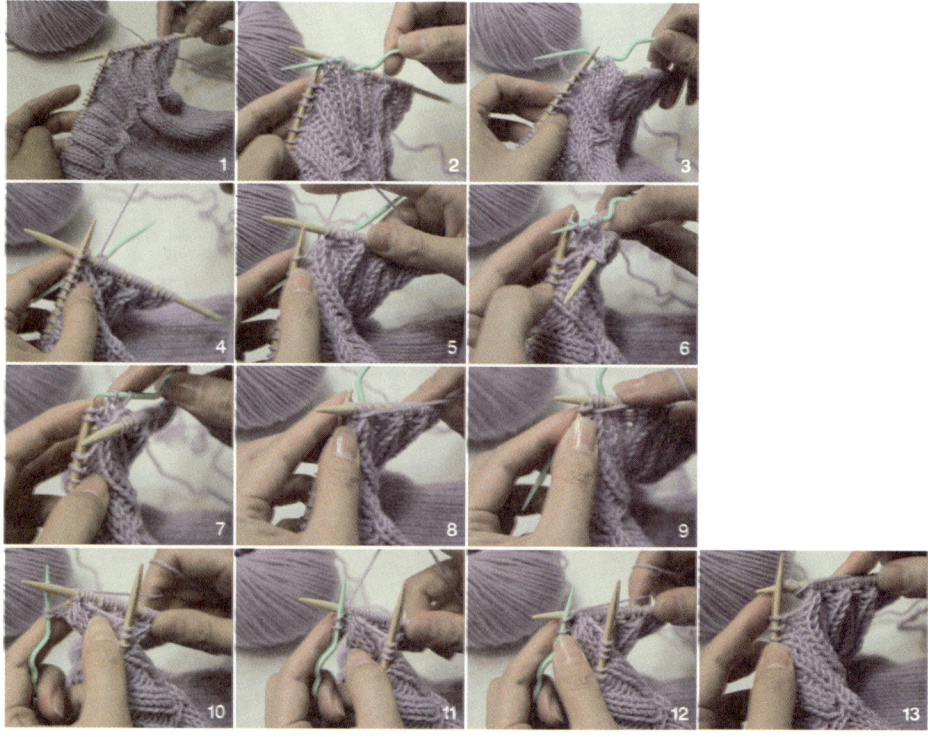

1, 2 겉뜨기 2코, 안뜨기 2코를 꽈배기핀에 옮긴다. 3 꽈배기핀을 뒤로 놓는다. 4, 5 대바늘에 걸린 겉뜨기 2코를 뜬다. 6, 7 꽈배기핀에 있는 안뜨기 2코만 대바늘에 옮긴다. 8, 9 안뜨기 2코를 뜬다. 10~12 꽈배기핀에 있는 2코를 겉뜨기한다. 13 안뜨기 2코를 뜬다.

<2코 고무뜨기 마무리하기>

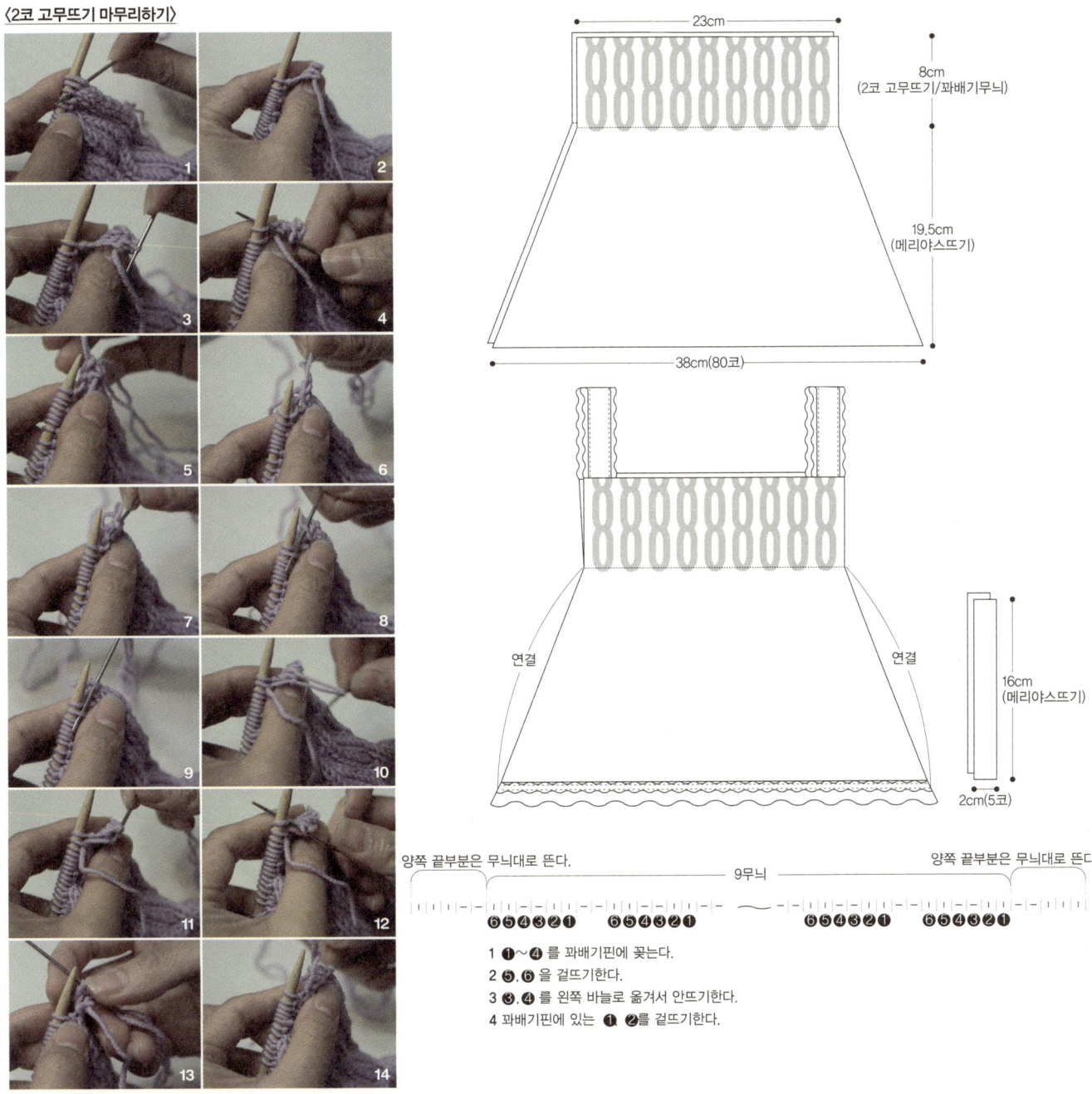

1~2 3코를 한번에 빼준다. 3 돗바늘로 가운데 코를 그림과 같이 꽂는다. 4 돗바늘을 겉뜨기 방향으로 꽂는다. 5 실을 한 손가락이 들어갈 정도만 남기고 잡아당긴다. 6~8 겉뜨기 부분에서 남긴 실을 잡아당기면 보이는 첫 코에 안뜨기 방향으로 돗바늘 꽂는다. 9 안뜨기 1코를 건너서 겉뜨기코에 안뜨기 방향으로 돗바늘을 꽂는다. 10 실을 잡아당겨 끝부분에 조금 남긴 다음 그 실을 잡아당기면 안뜨기 쪽에서 코가 보인다. 11 안뜨기 쪽에서 보이는 코에 사진과 같이 바늘을 꽂는다. 12 안뜨기 코에 겉뜨기 방향으로 사진과 같이 돗바늘을 꽂는다. 13 바늘을 잡아당긴다. 14 끝부분 실을 조금 남긴다. 실을 남긴 부분에 보이는 바로 밑 코에 안뜨기 방향으로 돗바늘을 꽂는다. 옆의 코에 안뜨기 방향으로 돗바늘을 꽂아서 잡아당긴다. 여기까지 1무늬가 끝난다. *남긴 실을 잡아당기면 보이는 코에 돗바늘을 꽂아서 똑같이 반복하여 마무리한다.

레이스 양말
p.112

재료
실
메리노골드(보라색)
50g
바늘
양말바늘 4mm, 돗바늘
부자재
연보라색 레이스 조금
게이지
21코×28단

이렇게 만들어요!

1. 4mm 양말바늘을 이용해 32코를 잡고 8코씩 나누어서 원형으로 겉뜨기 1단을 뜬다.
2. 2코 고무뜨기로 1단을 뜬다.
3. 꽈배기무늬를 넣고 10단에서 꽈배기무늬를 한 번 더 넣은 다음 2코 고무뜨기로 5.5cm를 뜬다.(꽈배기무늬 만드는 방법은 p.142 '꽈배기 원피스' 도안이나 사진 참고)
4. 뒤꿈치는 5/6/5 되돌아뜨기를 한다.(p.177 '메리 산타 양말' 뒤꿈치 뜨기 사진 참고) 5코씩 남기면서 되돌아뜨기하고, 되돌아뜨기하면서 늘어났던 코를 원상태로 줄이는 정리 1단을 한 다음 위에서 아래로 내려가며 5코씩 되돌아뜨기한다.
5. 앞부분은 2코 고무뜨기를 계속하고 바닥 부분은 메리야스뜨기로 8cm를 뜬다.
6. 2단에 1코씩 줄이기를 다섯 번 한 다음 마무리한다.(p.177 '메리 산타 양말' 앞코 줄임 참고)
7. 발목 윗부분에 연보라색 레이스를 대고 반박음질한다.

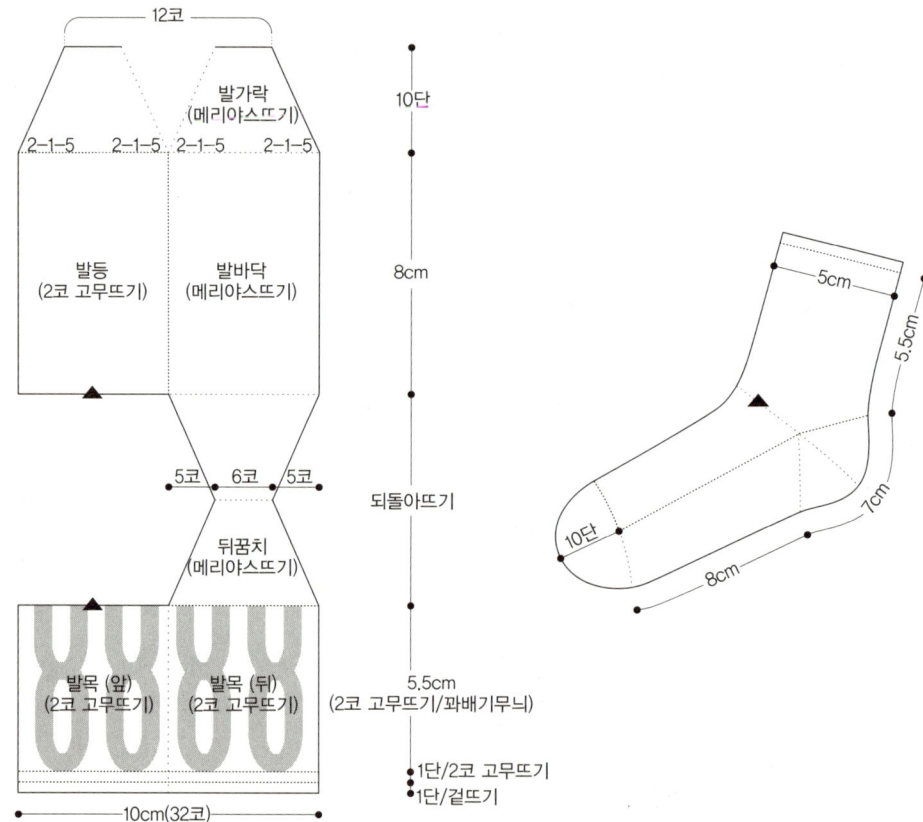

1. ❶~❹를 꽈배기핀에 꽂는다.
2. ❺,❻을 겉뜨기한다.
3. ❸,❹를 왼쪽 바늘로 옮겨서 안뜨기한다.
4. 꽈배기 핀에 있는 ❶,❷를 겉뜨기한다.

> 이렇게 만들어요!

1. 4.5mm 대바늘을 이용해 86코를 잡아서 2코 고무뜨기로 2cm를 뜬다.
2. 메리야스뜨기로 15cm를 뜬다.
3. 양쪽 28코는 코막음하고 중간에 30코는 실을 걸어서 28단을 더 뜬 다음 코막음한다.
4. 도안과 같이 돗바늘로 양옆을 연결한다.
5. 앞 라인은 5코에 1코씩 버리고 118코를 잡아서 2코 고무뜨기로 2cm를 뜬 다음 코막음으로 마무리한다.
6. 끈은 2코를 잡아서 첫 코는 걸러뜨기하고 메리야스뜨기로 60cm를 뜬다.
   (p.135 '배기팬츠' 끈 만들기 사진 참고)
7. 모자의 2코 고무뜨기한 부분에 돗바늘을 이용해 박음질한 다음 끝부분은 양쪽으로 한 번씩 매듭짓는다.
8. 2코 고무뜨기한 부분에 먼저 연보라색 레이스를 대고 꿰맨 다음 그 위에 토션 레이스를 올려 반박음질한다.

보닛
p.112

> 재료

실
메리노골드(보라색)
100g

바늘
대바늘 4.5mm, 돗바늘

부자재
아이보리색 토션
레이스 1마,
연보라색 레이스 1마

게이지
21코×28단

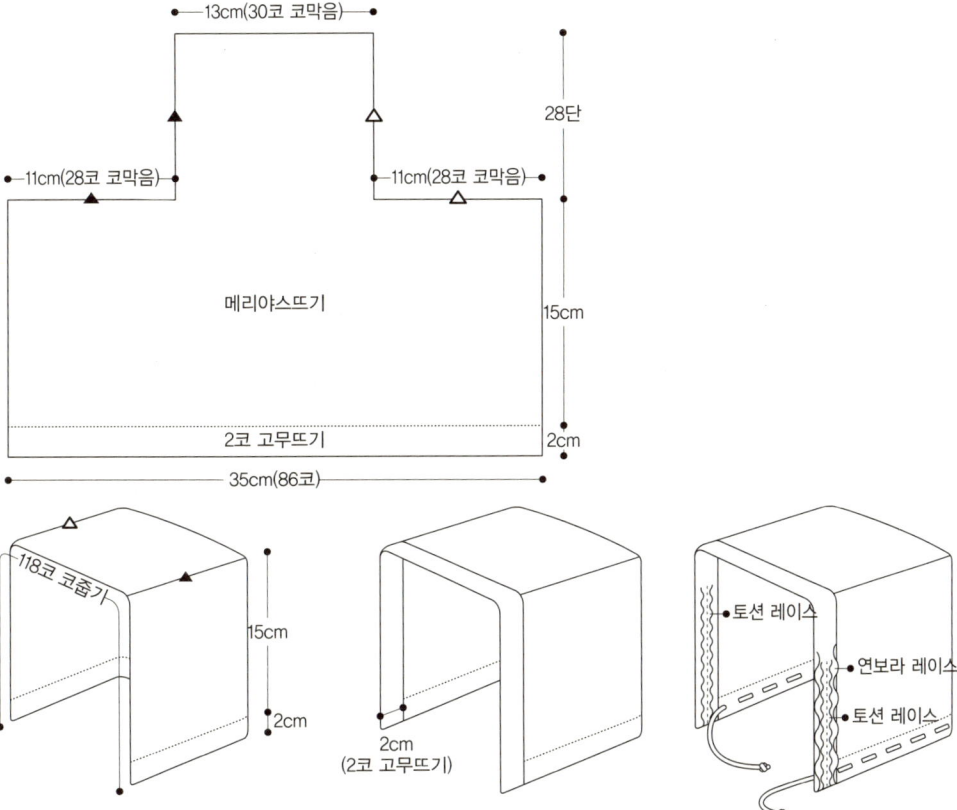

코바늘 베이비 판초
p.109

재료

실
유기농(살구색) 240g
바늘
코바늘 5호, 돗바늘
부자재
방울 기계(지름 6cm),
리본 단추(파란색 1개,
분홍색 1개), 라벨 1개

이렇게 만들어요!

1. 코바늘을 이용해 사슬 147코를 잡아서 한길긴뜨기로 1단을 뜬다.(74cm)
2. 도안을 참고해 앞뒤로 가운데 부분을 줄이면서 18cm(17단)를 뜬다.
3. 끈을 끼울 1단을 더 뜨고 실을 끊는다.
4. **후드 만들기**(도안 참고)
   ① 실을 연결해서 한길긴뜨기로 68코를 뜬다. [앞부분 중심으로 4무늬(총 8무늬)를 빼고 한길긴뜨기한다.]
   ② 두 번째 단을 뜰 때 빼뜨기 2코를 하고 한길긴뜨기로 64코를 뜬다.
   ③ 다음 단은 빼뜨기 1코를 하고 한길긴뜨기로 62코를 뜬다.
   ④ 다음 단은 빼뜨기 1코를 하고 한길긴뜨기로 60코를 뜬다.
   ⑤ 줄임이 끝나면 줄임을 시작한 부분부터 총 18cm가 될 때까지 뜬다.
5. 후드 양쪽 끝을 돗바늘로 연결한다.
6. 후드 안쪽에 실을 걸어 짧은뜨기 4코와 피콧뜨기를 반복해 떠서 테두리를 만든다.
7. 끈은 사슬뜨기와 짧은뜨기로 110cm를 뜨고 꽃잎을 하나 만들어 끈 넣는 위치에 단다.
8. 빈대편 끈에도 실을 걸어 꽃잎을 만든다.(도안 참고)
9. 꽃잎 위에 단추를 단다.
10. 작은 방울 기계를 이용해 만든 방울을 후드 끝에 단다.

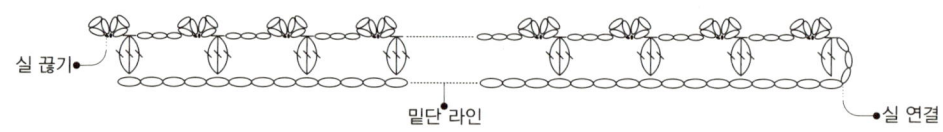

〈밑단 테두리〉
실 끊기 ← → 실 연결
밑단 라인

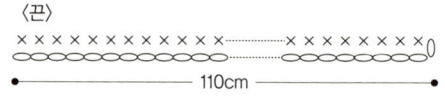

〈끈〉
110cm

〈꽃잎〉

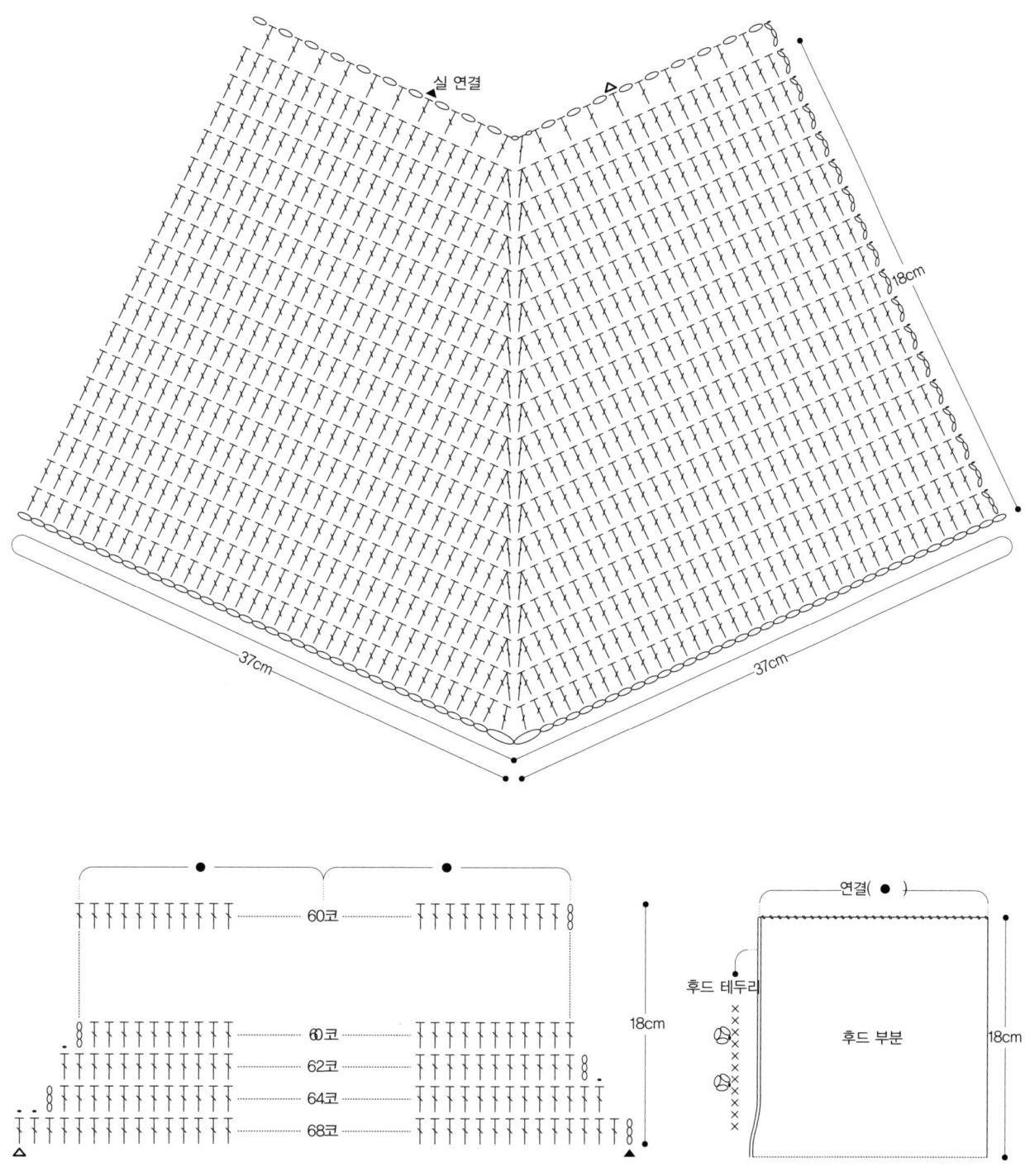

스퀘어 짜임 머플러 (엄마)
p.115

재료
실
유기농 코튼
(아이보리색) 360g
바늘
대바늘 6mm, 돗바늘
게이지
14코×18단

이렇게 만들어요!

1. 6mm 대바늘을 이용해 30코를 잡는다.
2. 첫 코는 걸러뜨기한 다음 2코 고무뜨기로 10cm(18단)를 뜬다.
3. 겉뜨기로 1단을 뜬 다음 안뜨기하고 메리야스뜨기로 10cm(18단)를 뜬다.(앞면에서 보았을 때 겉뜨기 면이 보인다.)
4. ③을 뜬 다음 안뜨기로 1단을 뜨고 겉뜨기로 1단을 떠서 안뜨기 면이 보이게 메리야스뜨기한다.
5. ③, ④를 반복해서 15무늬가 나오게 뜬다.
6. 마지막 무늬는 도안과 같이 겉뜨기 면이 보이게 뜨고 2코 고무뜨기로 10cm(18단)를 뜬 다음 코막음한다.
7. 돗바늘로 실밥을 정리한다.

tip
실을 연결할 때는 항상 시작 부분에서 해야 합니다. 중간에 실이 연결되면 돗바늘로 실밥을 감춰도 티가 나 예쁘게 완성되지 않아요. 실 길이가 뜨는 폭의 5배 정도 되게 남으면 1단을 뜹니다. 만약 그 길이가 모자라면 잘라서 새로운 실과 연결해서 뜨도록 합니다. 이 머플러는 면으로 되어 약간 늘어지는 게 포인트이므로 빡빡하지 않게 떠야 합니다.

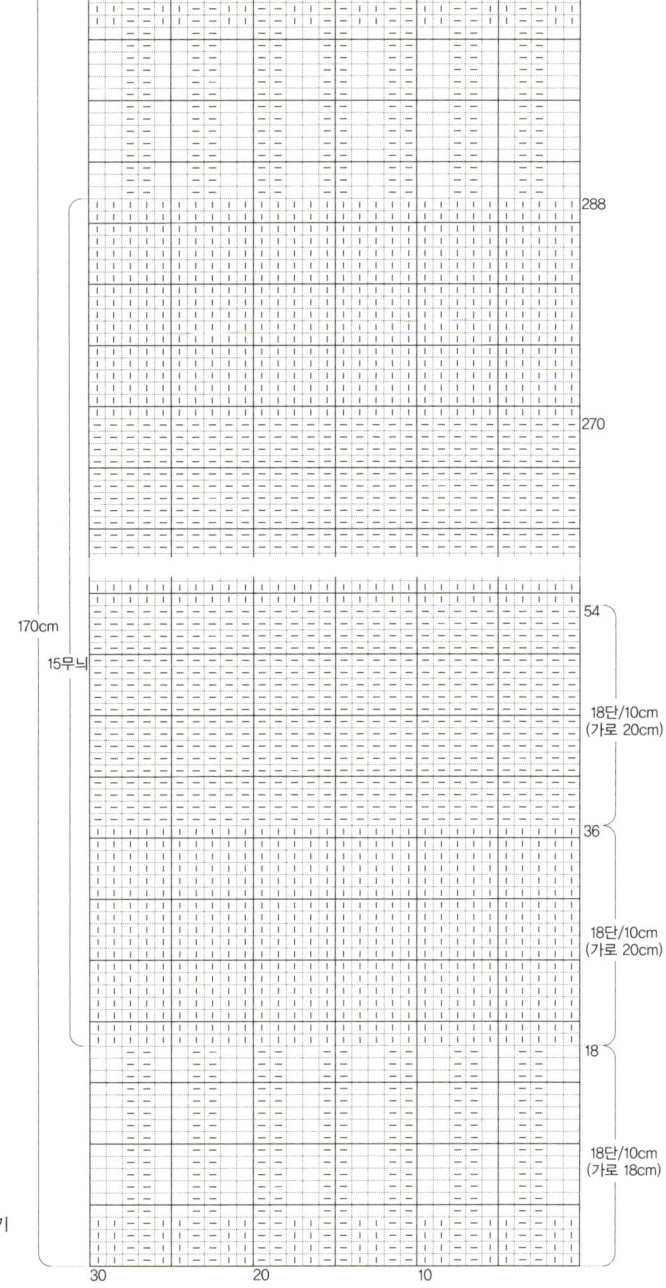

□ . │ = 겉뜨기
− = 안뜨기

스퀘어 짜임 머플러 (아이)
p.115

이렇게 만들어요!

1 6mm 대바늘을 이용해 실 두 겹으로 18코를 잡는다.
2 첫 코는 걸러뜨기한 다음 2코 고무뜨기로 10cm(18단)를 뜬다.
3 겉뜨기로 1단을 뜬 다음 안뜨기하고 메리야스뜨기로 5cm(10단)를 뜬다. (앞면에서 보았을 때 겉뜨기 면이 보인다.)
4 ③을 뜬 다음 안뜨기로 1단을 뜨고 겉뜨기로 1단을 떠서 안뜨기 면이 보이게 메리야스뜨기한다.
5 ③, ④를 반복해서 15무늬가 나오게 뜬다.
6 마지막 무늬는 도안과 같이 겉뜨기 면이 보이게 뜨고 2코 고무뜨기로 10cm(18단)를 뜬 다음 코막음한다.
7 돗바늘로 실밥을 정리한다.

재료
실 유기농 코튼 (아이보리색) 160g
바늘 대바늘 6mm
게이지 14코×18단

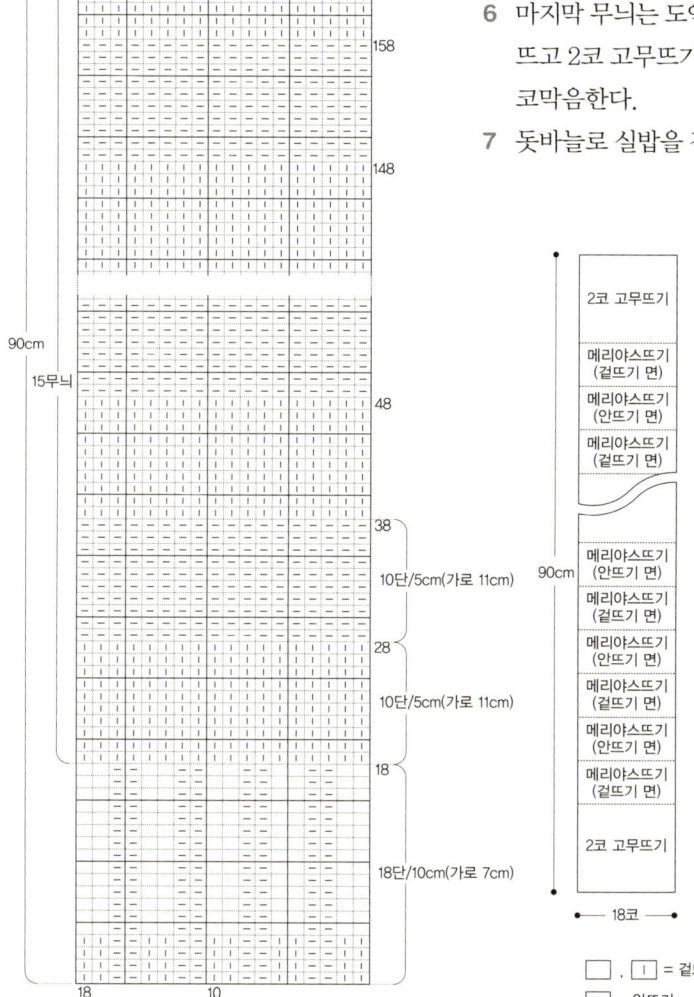

□ . | = 겉뜨기
□ − = 안뜨기

고릴라 딸랑이
p.116

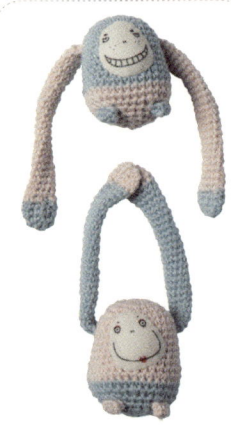

재료

실
유기농(분홍색, 파란색)
각각 40g씩

바늘
코바늘 3호

부자재
작은 딸랑이 2개,
리넨, 솜, 벨크로 테이프

이렇게 만들어요!

몸통

1. 코바늘을 이용해 분홍색 실로 원형을 만들어 짧은뜨기를 8코 뜬다.
2. 각 코마다 짧은뜨기를 2코씩 떠서 16코를 만든다.
3. 짧은뜨기 세 번째마다 1코씩 늘린다.
4. 네 번째마다 1코씩 늘린다.
5. 여섯 번째부터 열한 번째 단까지는 코 늘리기 없이 코마다 짧은뜨기한다.(5단~10단까지)
6. 열두 번째마다 1코씩 늘린다.
7. 열다섯 번째마다 1코씩 늘린다.
8. 열두 번째마다 1코씩 늘린다.
9. 파란색 실로 바꿔서 짧은뜨기로 1단을 뜬다. 이때 솜 분량의 반을 넣고 딸랑이를 넣는다.
10. 열 번째마다 1코씩 늘린다.
11. 다섯 번째마다 1코씩 줄인다.
12. 세 번째마다 1코씩 줄인다.
13. 두 번째마다 1코씩 줄인다. 나머지 솜을 넣는다.
14. 첫 번째마다 줄여서 돗바늘로 마무리한다.

팔(2장)

1. 코바늘을 이용해 분홍색 실로 원형을 만들어 짧은뜨기를 6코 뜬다.
2. 짧은뜨기 세 번째마다 1코씩 늘린다.
3. 네 번째마다 1코씩 늘린다.
4. 코 늘리기 없이 1단을 뜬다.
5. 파란색 실로 바꿔서 다섯 번째마다 1코씩 줄인다.
6. 1단은 코 늘리기 없이 짧은뜨기한다.
7. 네 번째마다 1코를 줄인다.
8. 여덟 번째부터 스물일곱 번째 단까지는 코를 줄이지 않고 짧은뜨기만 한다.

다리(2장)

1. 코바늘을 이용해 분홍색 실로 원형을 만들어 짧은뜨기를 5코 뜬다.
2. 짧은뜨기 3코마다 1코를 늘린다.

마무리

1 팔 2장과 다리 2장을 돗바늘을 이용해 몸통에 연결한다.
2 리넨에 얼굴을 그리고 솜을 약간 넣어서 공그르기한다.
3 팔에 벨크로 테이프를 반박음질로 고정한다.

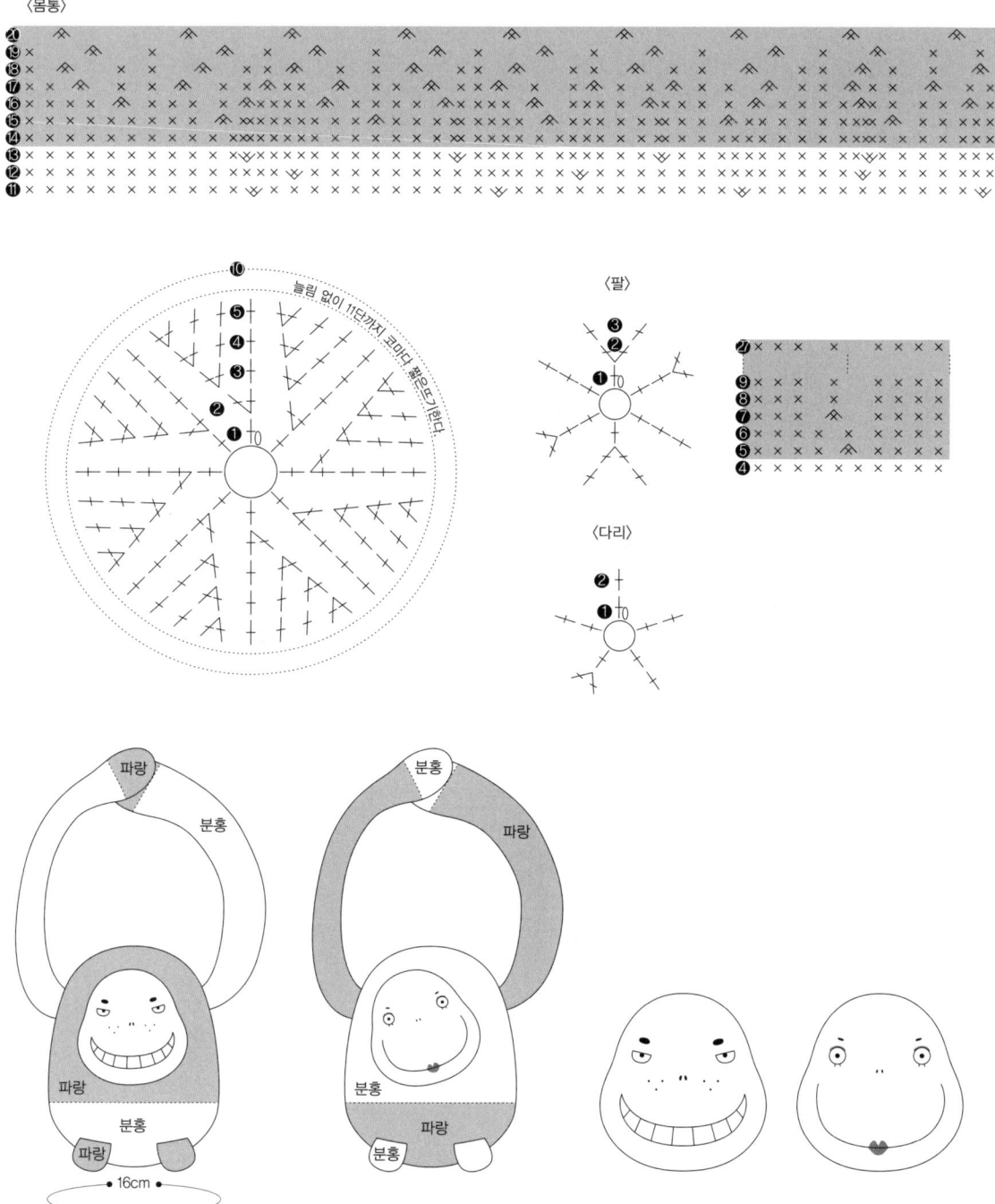

유기농 실로 만든 손싸개
p.117

재료
실
유기농 코튼
(아이보리색) 25g
바늘
장갑바늘 3mm 5개,
돗바늘
부자재
사탕 모양 단추 4개
게이지
24코×36단

이렇게 만들어요!

1. 3mm 장갑바늘을 이용해 40코를 잡아서 10코씩 4개의 바늘에 옮겨 원형으로 뜬다. (사진 참고)
2. 겉뜨기로 3단을 뜬다.
3. 2코 고무뜨기로 2cm(8단)를 뜬 다음 겉뜨기로 5cm(18단)를 뜬다.
4. 도안을 참고해 2단마다 네 번씩 코 줄이기를 한다. 총 24코가 남는다.
5. 2코를 같이 겉뜨기로 떠서 코를 반으로 줄인다.
6. 돗바늘을 이용하여 코를 모아서 십자 모양으로 엮은 다음 마무리한다.

끈

1. 장갑바늘(또는 일반 대바늘)로 2코를 잡아 첫 코는 걸러뜨기하면서 메리야스뜨기로 30cm를 뜬다. (p.135 '배기팬츠' 끈 만들기 참고)
2. 끈을 끼운 다음 양쪽에 사탕 모양 단추를 단다.

〈원형 만들기〉

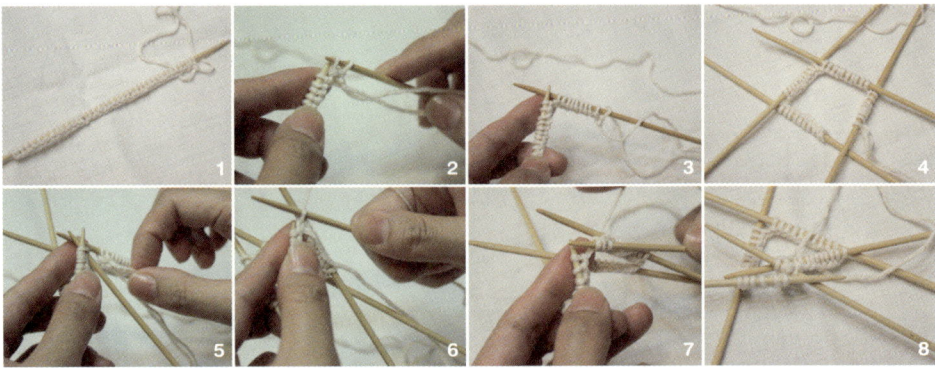

1 40코를 한 바늘에 잡아준다. 2~4 바늘 4개로 10코씩 나눈다. 5~8 남은 1개의 바늘로 원형을 만들면서 뜬다.

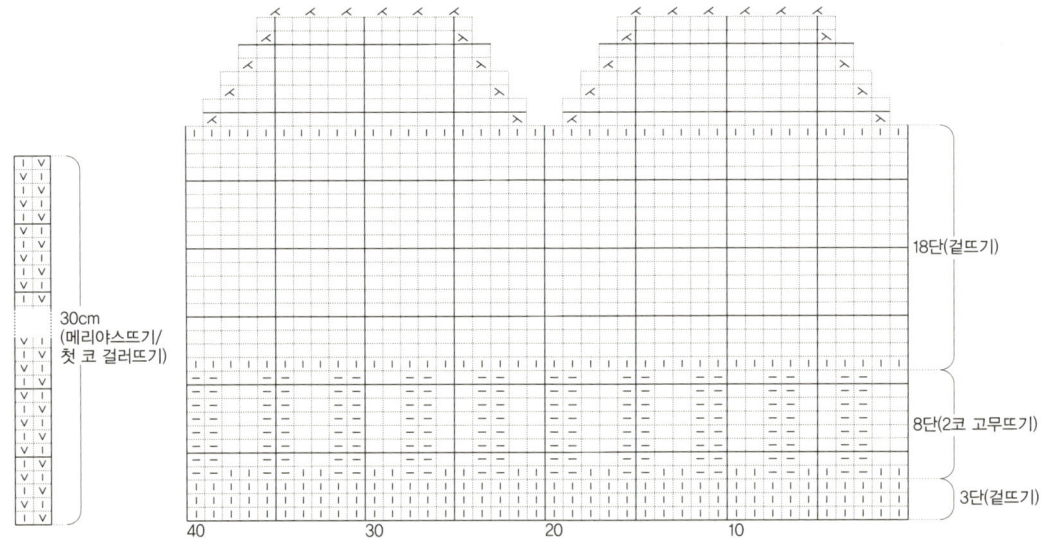

〈연결하는 방법〉

1 도안대로 13cm까지 뜬다. 2 시침핀으로 모양을 잡는다. 3 발바닥 부분과 옆 라인을 맞추어서 잡아준다. 4, 5 양쪽 모양을 잡은 모습. 6 시침핀 꽂은 데를 돗바늘로 연결한 모습. 7 나머지 뒤꿈치 부분에서 발바닥 부분까지 쭉 돗바늘로 연결한다.

이렇게 만들어요!

1. 3.5mm 대바늘을 이용해 34코를 잡아 안뜨기 1단, 겉뜨기 1단, 안뜨기 1단을 뜬다.
2. 2코 고무뜨기로 4cm(12단)를 뜬다.
3. 처음 10코는 코막음하고, 다음 14코는 모양대로 뜨고, 그다음 10코는 코막음하고 실을 끊는다.
4. 14코를 뜬 부분에 실을 걸어서 2코 고무뜨기로 3.5cm(10단)를 뜬다.
5. 14코를 뜨고 감아코 20코를 만든다. 겉뜨기로 1단을 끝까지 뜬 다음 감아코로 20코를 만든다. 총 54코가 된다.
6. 54코를 가터뜨기로 3cm를 뜬다.
7. 첫 코는 빼고 다음 코를 떠서 엎은 다음 겉뜨기로 18코를 뜬다. 열아홉 번째 코는 빼고 스무 번째 코를 떠서 엎은 다음 겉뜨기 10코를 뜨고 다시 2코를 같이 겉뜨기한다. 18코는 겉뜨기하고 2코를 같이 뜬다. 다음 단은 겉뜨기한다. 도안을 참고해 같은 방법으로 두 번 더 줄이기를 반복한다.
8. 코막음한 다음 도안에 표시되어 있는 점선끼리 연결해 꿰맨다.(사진 참고)
9. 발목 뒤 부분부터 발바닥까지 연결하여 꿰맨다.
10. 돗바늘로 실밥을 정리한 다음 사탕 모양 단추를 단다.

유기농 실로 만든 발싸개
p.117

재료

실
유기농 코튼
(아이보리색) 25g

바늘
대바늘 3.5mm, 돗바늘

부자재
사탕 모양 단추 4개

게이지
22코×34단

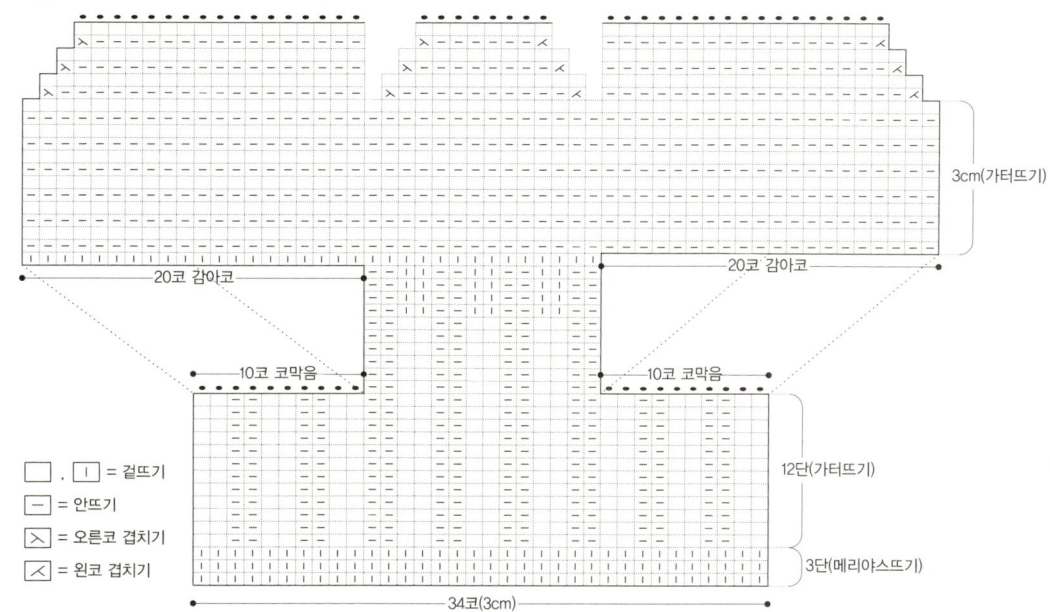

리폼 치마 (엄마)
p.118

재료

실
밀라노(복합 회색) 100g, 피콕(회색) 100g

바늘
코바늘 7호, 코바늘 1호

이렇게 만들어요!

1. 데님스커트를 잘라서 오버로크한다.
2. 코바늘 1호를 이용해 스커트에 구멍을 낸 다음, 피콕 회색 실로 짧은뜨기 1단을 떠서 전체를 다 원으로 두른다.
3. 코바늘 7호로 바꿔 복합 회색 실로 한길긴뜨기 1코, 사슬 1코를 반복하면서 뜬다.
4. 피콕 회색실로 한길긴뜨기 2코, 사슬 1코를 반복하면서 뜬다.
5. 두 가지 실로 매 단마다 뜨기를 반복하여 43.5cm(36단)를 뜬다.
6. 밑단 무늬 도안을 보고 무늬를 뜬다.

tip
피콕은 모헤어 느낌의 실이므로 털 느낌을 살려주면서 빡빡하지 않게 뜹니다.

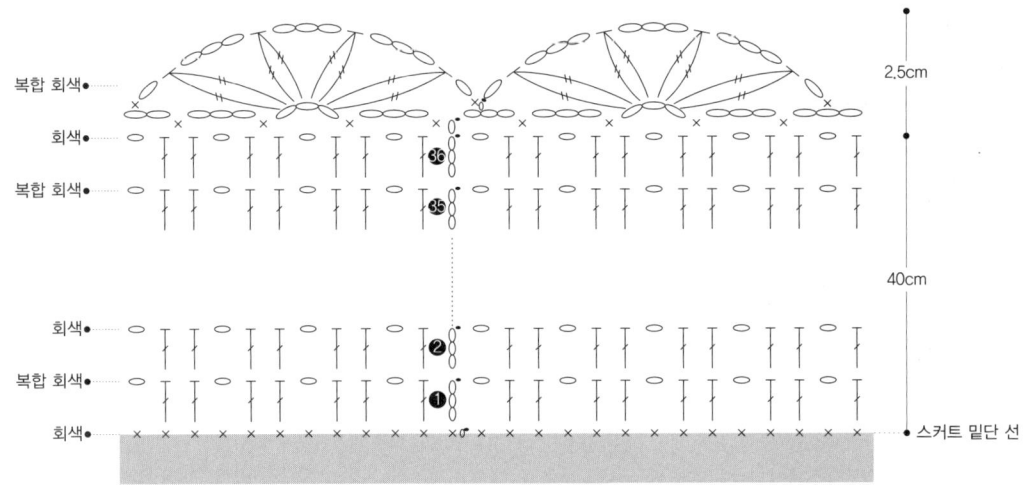

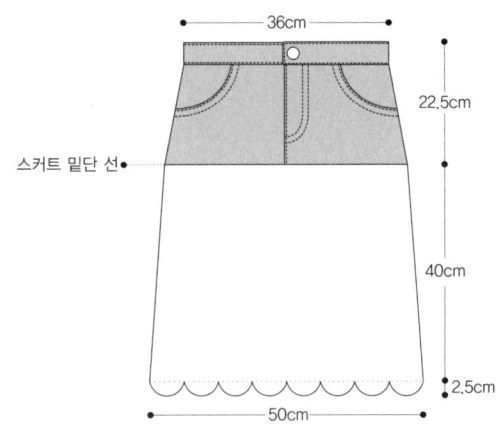

〈코바늘로 1단 짧은뜨기〉

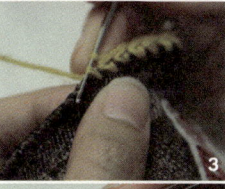

1 코바늘 1호를 이용해서 구멍을 뚫는다(간격을 조금 두고 뚫어야 코가 울지 않고 적당히 잡힌다). **2** 실을 잡아당긴다. **3** 2코를 만든다. **4, 5** 2코를 같이 뜬다(짧은뜨기). **6** 같은 방법으로 한 단을 뜬다.

리폼 치마 (아이)
p.119

이렇게 만들어요!

1. 못 입는 데님스커트를 잘라서 오버로크한다.
2. 코바늘 1호를 이용해 스커트에 구멍을 낸 다음 짧은뜨기 1단을 떠서 전체를 다 원으로 두른다.
3. 코바늘 7호로 바꿔 한길긴뜨기 2코, 사슬 1코를 반복하면서 뜬다. 총 48무늬가 된다.
4. 한길긴뜨기 무늬를 15cm 뜬 다음 밑단 무늬 도안을 보고 무늬를 뜬다. 총 12무늬가 나온다.

tip 피콕은 모헤어 느낌의 실이므로 털 느낌을 살려주면서 빡빡하지 않게 뜹니다.

재료
실 피콕(겨자색) 100g
바늘 코바늘 7호, 코바늘 1호
사용 연령 3~4세

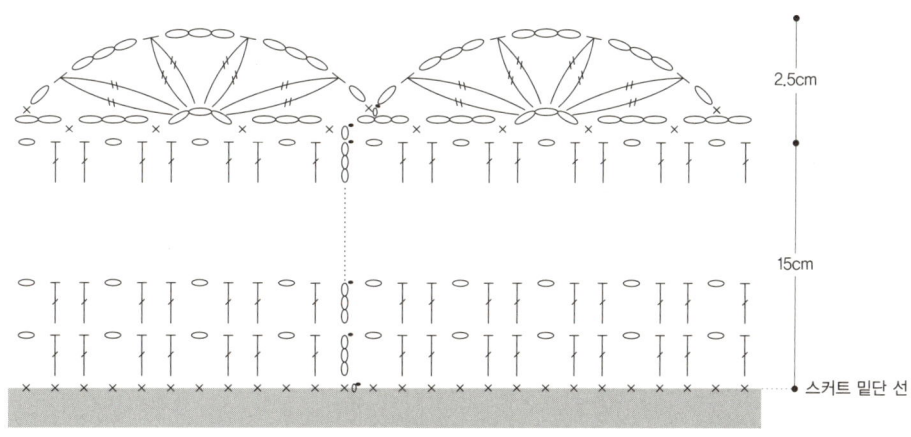

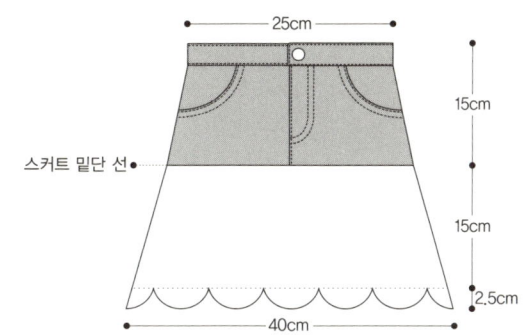

터틀넥 망토 (엄마)
p.120

재료

실
매직클래식(진회색) 200g, 스노볼 250g

바늘
대바늘 4.5mm · 5mm · 6mm · 7mm, 코바늘 7호, 돗바늘

게이지
12코×16단

이렇게 만들어요!

1. 7mm 대바늘을 이용해 진회색 실로 130코를 잡는다.
2. 원형으로 해서 2코 고무뜨기로 5cm를 뜬다.
3. 스노볼 실로 바꿔 겉뜨기로만 32cm를 뜬다.
4. 다시 진회색 실로 바꿔 6mm 대바늘로 옮긴 다음 2코 고무뜨기로 10cm를 뜬다.
5. 5mm 대바늘로 바꿔서 2코 고무뜨기로 10cm를 뜬 다음 4.5mm 대바늘로 바꿔서 10cm를 더 떠서 폴라티 형태로 만든다.
6. 코바늘을 이용해 사슬 2코를 뜬 다음 빼뜨기로 마무리한다.(도안 참고)

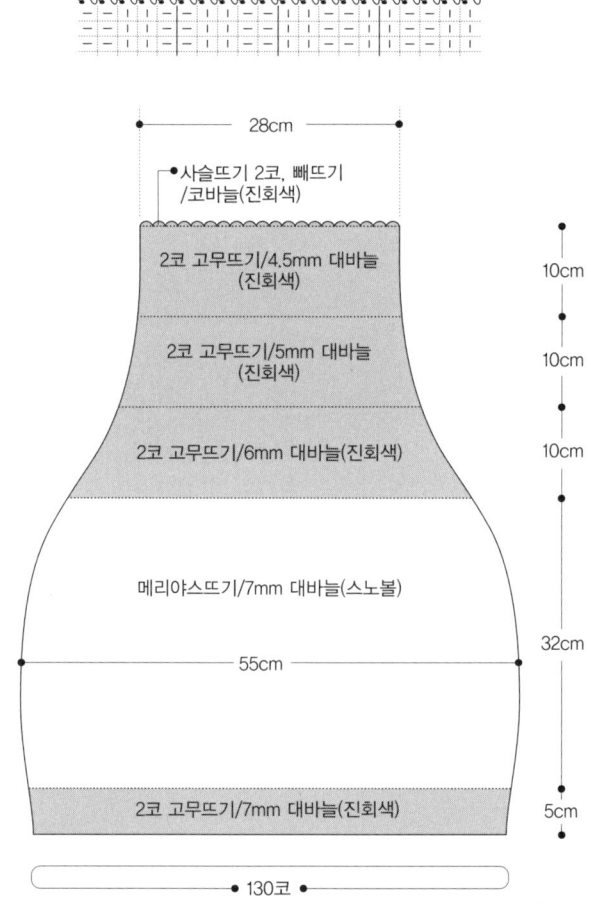

이렇게 만들어요!

1. 7mm 대바늘을 이용해 진회색 실로 92코를 잡는다.
2. 원형으로 해서 2코 고무뜨기로 3cm를 뜬다.
3. 스노볼 실로 바꿔 겉뜨기로만 21cm를 뜬다.
4. 다시 진회색 실로 바꿔 6mm 대바늘로 옮긴 다음 2코 고무뜨기로 6cm(10단)를 뜬다.
5. 5mm 대바늘로 바꾼 다음 원형으로 뜨지 말고 2코 고무뜨기로 9cm(16단)를 떠서 칼라를 만든다.
6. 코바늘을 이용해 사슬 2코를 뜬 다음 빼뜨기로 마무리한다.(도안 참고)

끈

1. 스노볼 실로 사슬 100코를 잡는다.
2. 제일 작은 방울 기계를 사용해 진회색 실로 방울 2개를 만든다.
3. 망토 맨 위의 2코 고무뜨기 부분에 끈을 끼운 다음 양끝에 방울을 단다.

터틀넥 망토 (아이)
p.121

재료

실
매직클래식(진회색) 200g,
스노볼 100g

바늘
대바늘
5mm · 6mm · 7mm,
코바늘 7호, 돗바늘

부자재
방울 기계

게이지
12코×16단

사용 연령
4~6세

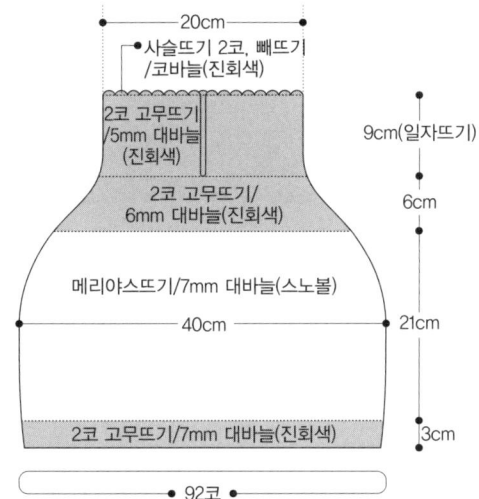

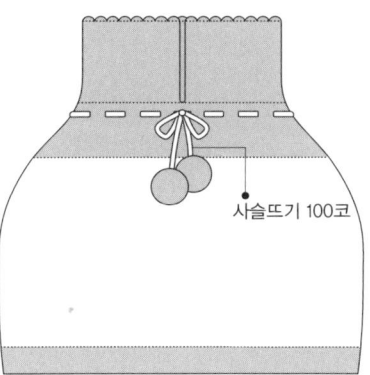

세일러 케이프
p.122

재료

실
유기농 울필드(남색) 50g, 유기농 울필드(아이보리색) 5g

바늘
대바늘 4mm, 돗바늘

부자재
머린 단추 4개, 머린 펠트 장식 2개

게이지
23코×33단

이렇게 만들어요!

1. 4mm 대바늘을 이용해 남색 실로 64코를 잡아서 메리야스뜨기로 16cm를 뜬다.
2. 아이보리색 실로 바꿔서 2단을 가터뜨기한 다음 남색 실로 다시 바꿔서 3단을 가터뜨기한다.
3. 마지막 단에서 12코를 뜨고 40코를 코막음한 다음 12코를 겉뜨기한다.(도안 참고)
4. 대바늘에 걸린 12코를 가터뜨기로 27cm 뜬 다음 코막음한다.
5. 반대편에 남은 12코도 실을 걸어 가터뜨기로 27cm를 뜬 다음 코막음한다.
6. 세 면은 각각 한 면씩 아이보리색 실로 코를 잡아 가터뜨기로 2단을 뜬다.
7. 다시 남색 실로 바꿔서 3단을 가터뜨기한 다음 코막음한다.
8. 돗바늘을 이용해 네 모서리를 꿰맨다.
9. 끈 쪽에 머린 단추를 달고, 머린 펠트 장식은 글루건으로 붙이거나 실로 꿰매어 고정시킨다.

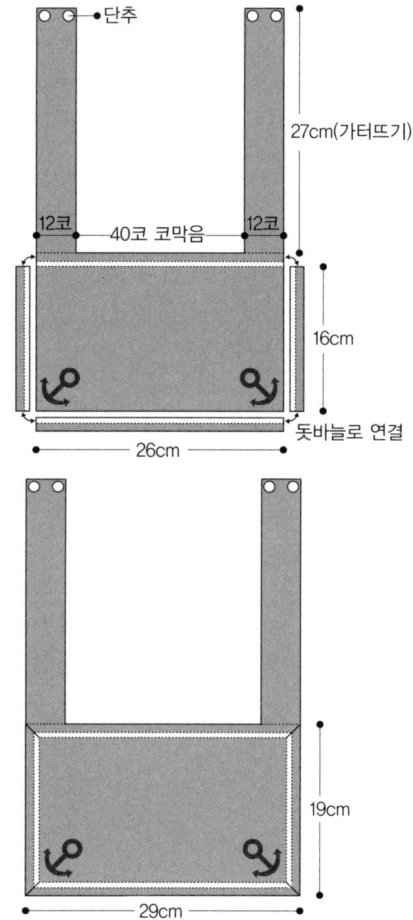

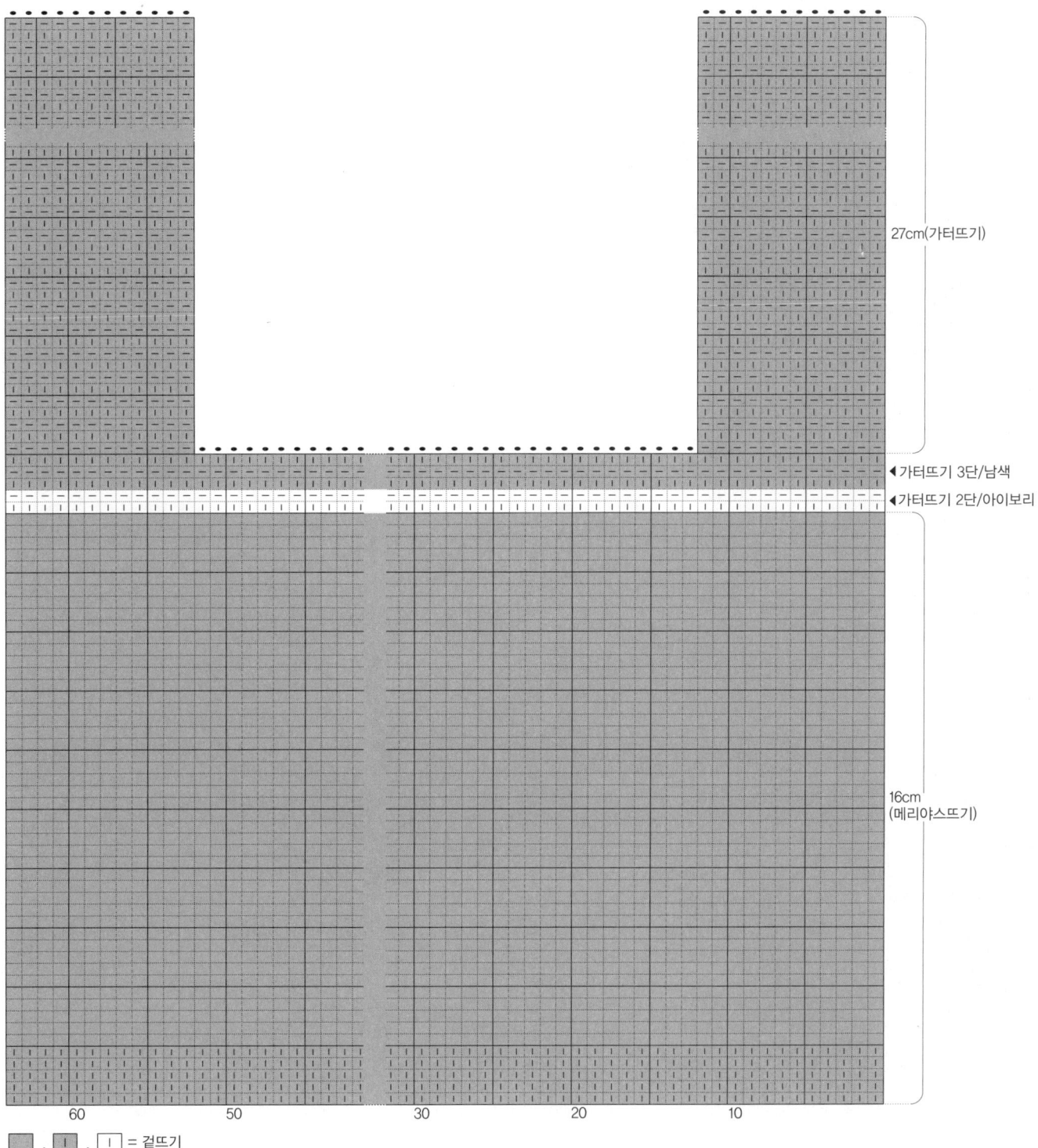

네 번째
손뜨개

집을 예쁘게
꾸며주는 소품

따뜻한 차 한잔할 때 필요한 예쁜 티코스터, 소파 위의
멋진 쿠션과 블랭킷, 다이어리를 근사하게 포장할 손뜨개
커버, 크리스마스를 기다리며 뜬 산타 양말……. 우리
집을 따뜻하게 꾸며줄 소품들이지요. 요즘 유행하는
블라블라 인형까지 직접 만들어보세요. 나의 손길이 닿은
곱고 예쁜 물건들로 가득한 집이야말로
세상에서 가장 아늑한 휴식 공간입니다.

뜨개쟁이 '얀'

엄마 손으로 직접 만들어 세상에 하나뿐인 인형이에요. 요즘 유행하는 블라블라 인형을 닮은 이 인형을 사랑하는 아이에게 선물한다면 정말 기뻐할 거예요.
만들기는 p.170 참고

스티치 장식 티코스터

티 테이블에 멋스럽게 올릴 수 있는 코스터는 포근하면서 따뜻한 느낌을 연출합니다. 은은한 색감의 털실을 사용하고 마 끈과 단추 장식을 더해 내추럴하게 완성했어요.
만들기는 p.176 참고

다이어리 커버와 연필싸개

아날로그 감성이 물씬 풍기는 다이어리 커버를 소개합니다. 레이스와 조각 천을 덧대어 소박하면서도 아기자기한 멋이 납니다. 남은 실로는 연필싸개도 만들 수 있지요.
만들기는 p.180 참고

줄무늬 블랭킷

보드랍고 포근한 링구 실로 만든 블랭킷으로 무릎담요, 방석 등에 두루두루 사용하기 좋아요. 주황색, 파란색 실로 포인트를 주어 화려하면서 세련되게 디자인했어요.
만들기는 p.173 참고

스머프 블랭킷

보드랍고 포근한 링구 실로 만든 블랭킷으로 무릎담요, 방석 등 두루두루 사용하기 좋아요. 주황색, 파란색 실로 포인트를 주어 화려하면서 세련되게 디자인했어요.
만들기는 p.174 참고

소프트베베 카시트

보풀이 잘 일지 않고 촉감이 부드럽고 포근한 '소프트베베'라는 실로 카시트를 만들어보세요. 1인용 체어의 커버로도 활용할 수 있지요. 계절에 따라 실을 달리하여 다양하게 연출하세요.
만들기는 p.175 참고

메리 산타 양말

크리스마스에 가장 대표적 장식품인 산타 양말을 털실로 직접 만들어보았어요. 크리스마스트리의 오너먼트로 사용해도 좋고, 작은 선물을 담아두어도 좋겠지요. 모두 메리 크리스마스 하세요.
만들기는 p.177 참고

와인 홀더

와인 선물할 때 상자 대신 직접 만든 홀더에 담아보세요. 더 특별하고 정성스러운 선물이 될 거예요. 특히 빨간색 와인 홀더는 크리스마스 파티 테이블에도 정말 잘 어울린답니다.
만들기는 p.172 참고

방울 쿠션

쿠션 끝에 방울을 달아서 포인트를 준 귀여운 쿠션이에요. 부드러운 실로 만들어, 패브릭 쿠션과는 또 다른 멋이 느껴져요. 좋아하는 컬러로 여러 개 만들어 모아두어도 예뻐요.
만들기는 p.181 참고

바구니와 실
(미니어처 소품)

겨울철 인테리어에 잘 어울리는 미니 소품이에요. 소량의 실로도 만들 수 있으니 자투리 실을 이용해보세요.
만들기는 p.183 참고

뜨개 바구니

핸드메이드의 멋스러움이 잘 살아 있는 뜨개 바구니에요. 바닥을 원형으로 편평하게 만들어 각종 생활 소품들을 수납하기에 좋아요.
만들기는 p.182 참고

바구니와 실

뜨개 바구니

뜨개쟁이 얀
p.162

재료

실
코코로(아이보리색,
분홍색, 파란색,
녹색) 각각 100g씩,
소프트붐붐(보라색)
100g, 링구(빨간색) 30g

바늘
대바늘 4.5mm·6mm,
원형바늘 4.5mm,
장갑바늘 4mm, 코바늘
3호, 돗바늘

부자재
방울 기계(지름 6cm),
솜, 파란색 단추 2개,
빨간색 실

게이지
19코×26단

이렇게 만들어요!

몸통&다리

1. 4.5mm 대바늘을 이용해 녹색 실로 60코를 잡아서 메리야스뜨기로 2단을 뜨고 파란색 실로 바꿔서 2단을 더 뜬다.
2. 2단씩 색상 바꾸기를 반복하면서 메리야스뜨기로 20cm를 뜨고 총 52단을 만든다.
3. 몸판을 뜬 다음 13코를 뜨고 4코 코막음하고, 26코를 뜨고 4코 코막음한 다음 다시 13코를 뜬다.
4. 장갑바늘을 이용해 원형으로 잡은 다음 26코 부분에 녹색 실과 파란색 실을 배색하면서 겉뜨기로 26cm(68단)를 뜬다.
5. 분홍색 실로 바꿔서 겉뜨기로 5cm(13단)를 뜬 다음 2코씩 같이 떠서 코 줄이기한다. 한 번 더 2코씩 같이 떠서 코를 반으로 줄여 마무리한다.
6. 양끝의 13코도 장갑바늘을 이용해 원형으로 잡은 다음 녹색 실과 파란색 실을 배색하면서 겉뜨기로 26cm(68단)를 뜬다.
7. 분홍색 실로 바꿔서 겉뜨기로 5cm(13단)를 뜬 다음 2코씩 같이 떠서 코 줄이기한다. 한 번 더 2코씩 같이 떠서 코를 반으로 줄여 마무리한다.
8. 다리에 먼저 솜을 넣고, 몸판 부분은 옆선을 연결한 다음 솜을 넣는다.

얼굴

1. 4.5mm 대바늘을 이용해 분홍색 실로 60코를 잡는다.
2. 메리야스뜨기로 18cm(48단)를 뜬 다음 반으로 접어서 돗바늘로 양쪽을 연결한다.
3. 얼굴에 솜을 넣은 다음 돗바늘을 이용해 몸판과 연결한다.

팔(2장)

1. 4.5mm 대바늘을 이용해 녹색 실로 26코를 잡아서 메리야스뜨기로 2단을 뜨고 파란색 실로 바꿔서 2단을 더 뜬다.
2. 2단씩 색상 바꾸기를 반복하면서 메리야스뜨기로 16cm를 뜨고 총 42단을 만든다.
3. 분홍색 실로 바꿔서 겉뜨기로 5cm(12단)를 뜨고 2코 줄이기를 한다. 같은 방법으로 1단을 더 줄인 다음 마무리한다.
4. 팔에 솜을 넣은 다음 돗바늘을 이용해 몸판과 연결한다.

머플러

1. 6mm 대바늘을 이용해 보라색 실로 10코를 잡아서 가터뜨기로 70cm를 뜬다.
2. 아이보리색 실로 방울을 2개 만들어서 양쪽에 단다.(제일 작은 방울 기계 사용)

모자

1. 4.5mm 원형바늘을 이용해 아이보리색 실로 60코 잡아서 겉뜨기로 3단을 뜨고 2코 고무뜨기로 3cm를 뜬다.
2. 메리야스뜨기로(겉뜨기만) 12cm를 뜬 다음 2코씩 같이 떠서 반으로 코를 줄인다. 원형으로 뜰 때 겉뜨기만 계속하면 메리야스뜨기 모양이 된다.
3. 남은 코는 돗바늘에 꿰어서 꽉 잡아당긴 다음 십자 모양으로 엮어 매듭짓는다.
4. 빨간색 실로 방울을 만들어 모자 끝에 단다.

마무리

1. 머리카락은 빨간색 실로 40cm씩 4가닥을 만들어 반으로 접은 다음 코바늘을 이용해 얼굴 뒷부분에 촘촘하게 심는다.
2. 앞머리는 20cm씩 10가닥을 만들어 반으로 접은 다음 앞부분에 심는다.
3. 눈은 파란색 단추를 달아서 만들고, 입은 빨간색 실로 반박음질해 모양을 만든다.
4. 머리카락은 가위로 예쁘게 다듬고, 머플러는 목에 두 번 정도 묶어주고, 모자는 머리 위에 씌워 완성한다.

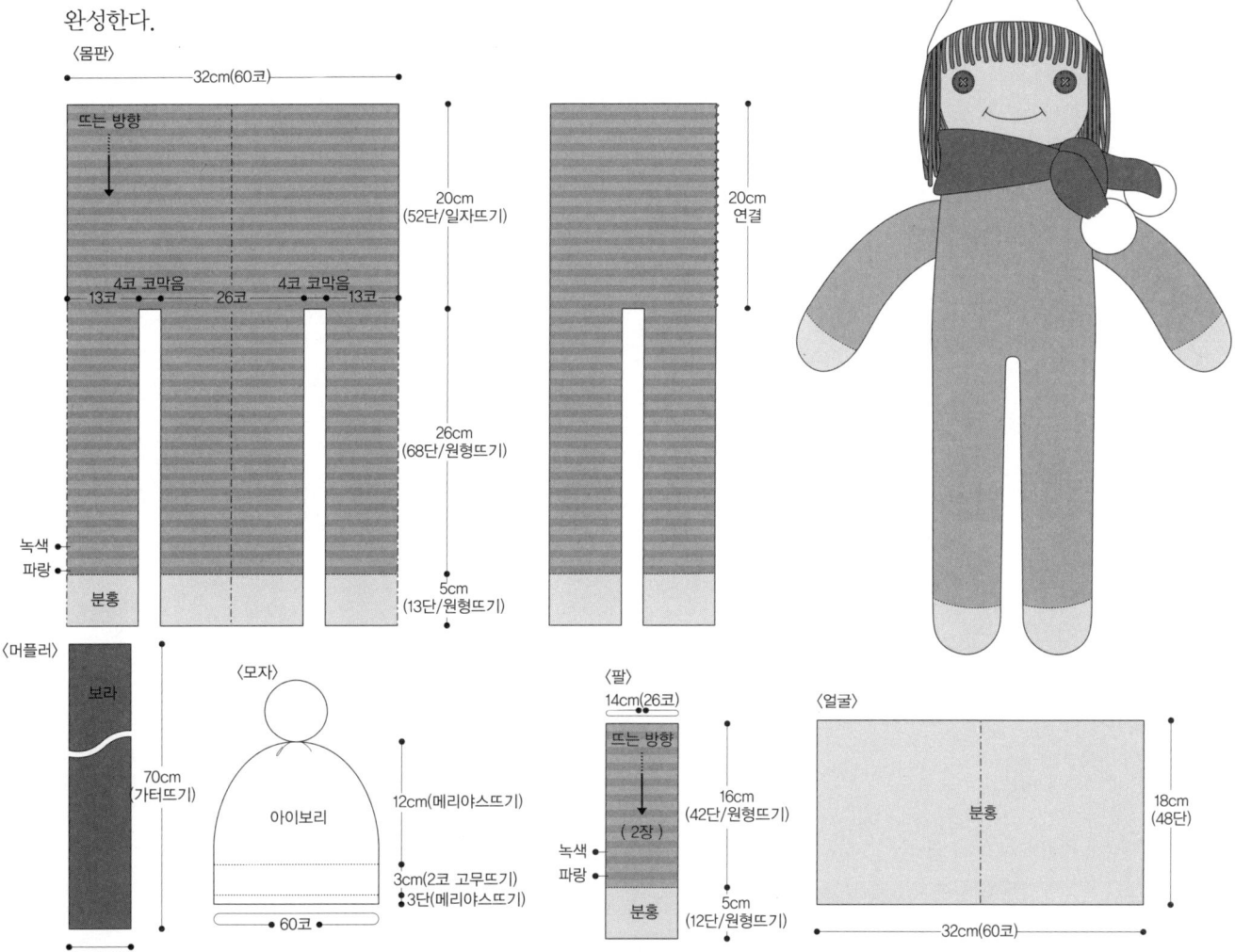

와인 홀더
p.167

재료

실
울베이스(빨간색) 80g,
팝콘(하얀색) 조금

바늘
대바늘 5mm,
코바늘 10호

부자재
체크 단추 1개,
가죽 라벨 1개

> 이렇게 만들어요!

몸통

1. 코바늘을 이용해 짧은뜨기로 8코를 뜬다.
2. 도안을 보면서 원형으로 바닥을 만든 다음 짧은뜨기를 코마다 뜬다.(빼뜨기하지 않고 짧은뜨기를 하기 때문에 시작 부분은 단수 표시 링으로 표시한다.)
3. 짧은뜨기로 23단을 뜬 다음 칼라 부분은 일자로 8단을 뜬다.

리본

1. 5mm 대바늘을 이용해 하얀색 실로 5코를 잡아서 가터뜨기로 12단을 뜬다.
2. 완성된 ①의 중간 부분에 하얀색 실로 홈질을 한 후 실을 잡아당겨 리본 모양을 만든다.
3. 리본 중간에 체크 단추를 놓고 빨간색 실을 양쪽으로 길게 넣은 다음 홈질해서 뒤로 뺀다. 다른 한쪽도 마찬가지로 남은 실로 홈질해서 뒤로 빼준 다음 잡아당겨 리본으로 묶는다.
4. 아래쪽에 가죽 라벨을 단다.

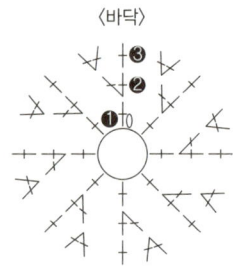

〈바닥〉

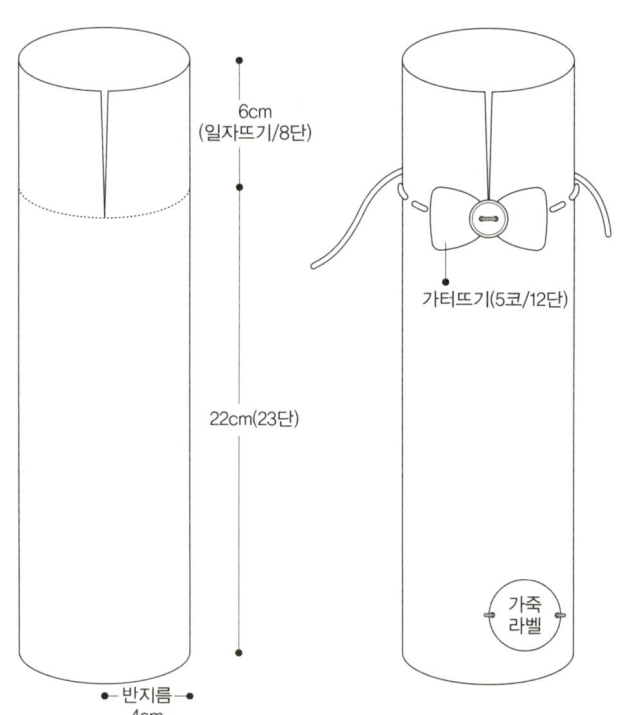

이렇게 만들어요!

1. 6mm 대바늘을 이용해 회색 실로 144코를 잡아서 가터뜨기로 2단을 뜬다.
2. 주황색 실로 바꿔서 15cm 정도 실을 남긴 다음 가터뜨기로 4단을 뜬다.
3. 회색 실로 바꿔서 15cm 정도 실을 남긴 다음 가터뜨기로 2단을 뜬다.
4. 파란색 실로 바꿔서 15cm 정도 실을 남긴 다음 가터뜨기로 4단을 뜬다.
5. 회색 2단, 주황색 4단, 회색 2단, 파란색 4단, 회색 2단 뜨기를 반복하면서 가터뜨기로 90cm를 뜬다.
6. 마지막 단은 주황색 4단, 회색 2단을 뜨고 코막음한다.
7. 실을 바꿀 때 남긴 실을 모아 3가닥씩 땋는다. 중간에 실이 비면 실을 잘라 연결해서 땋는다.
8. 반대편은 실을 15cm씩 연결해 3가닥을 만들어서 땋는다.

줄무늬 블랭킷
p.164

재료

실
엘리트(주황색, 파란색) 각각 200g씩,
링구(회색) 360g

바늘
대바늘 6mm

게이지
16코 × 22단

사이즈
90cm × 90cm

스머프 블랭킷
p.165

배색 순서

아이보리색 2단 → 검은색 1단 → 분홍색 2단 → 검은색 1단 → 보라색 2단 → 검은색 1단 → 진분홍색 2단 → 검은색 1단 → 하늘색 2단 → 검은색 1단

이렇게 만들어요!

1. 아이보리색을 시작으로 도안을 참고하여 원형으로 2단을 뜬 다음, 검은색으로 실을 바꿔 1단을 뜬다.
2. 배색 순서를 참고하여 코를 늘리면서 뜬다. (1단에 4의 배수로 무늬가 계속 늘어나게 된다.)
3. 전체 45단 180무늬가 나온다.(120cm)
4. 46번째 단에서 검은색으로 전체 빼뜨기로 1단을 뜬다.
5. 돗바늘로 실밥을 정리한다.

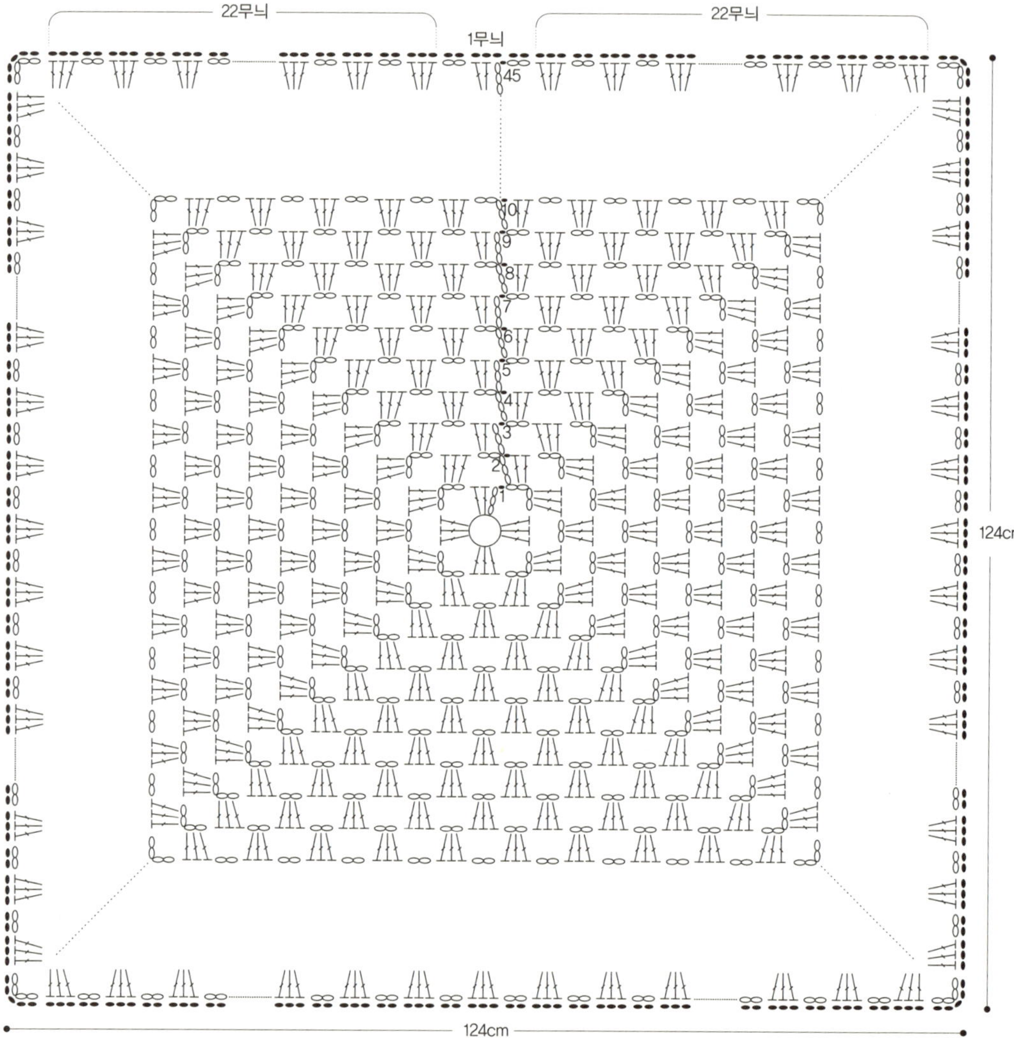

재료

실
울필드 800g
타래(검은색 250g,
하늘색 150g,
진분홍색 100g,
보라색 100g,
분홍색 100g,
아이보리색 100g)

바늘
코바늘 7호

이렇게 만들어요!

1. 7mm 대바늘을 이용해 60코를 잡아서 가터뜨기로 120cm를 뜬다.
2. 23코 겉뜨기, 14코 코막음, 23코 겉뜨기한다.
3. 23코 겉뜨기, 14코 코막음했던 부분에 감아코 14코를 만든 다음 23코를 뜬다.
4. 가터뜨기로 28cm를 더 뜬 다음 코막음한다.
5. 28cm를 뜬 부분과 옆 라인을 돗바늘로 연결한다.(도안 참고)
6. 단추를 양쪽으로 단 다음 카시트에 맞춰 뒤로 당겨서 단추를 채우면 깔끔하게 정리된다.

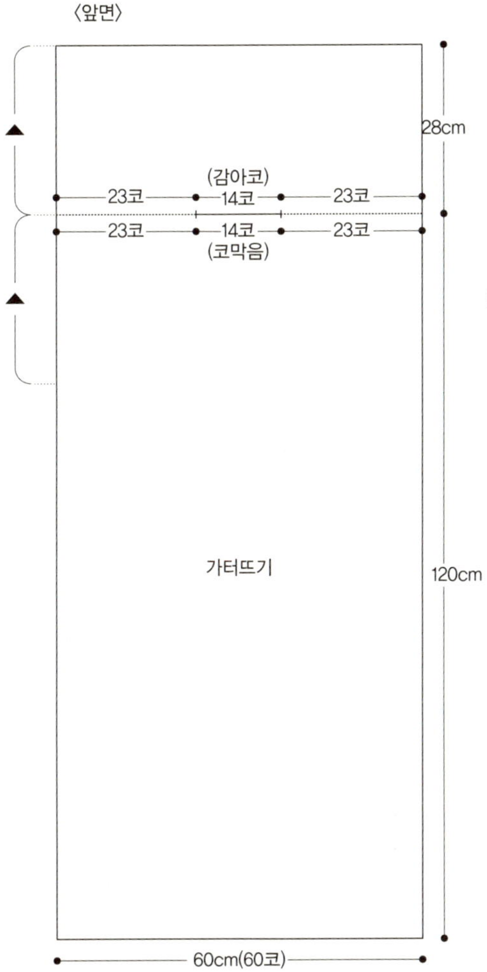

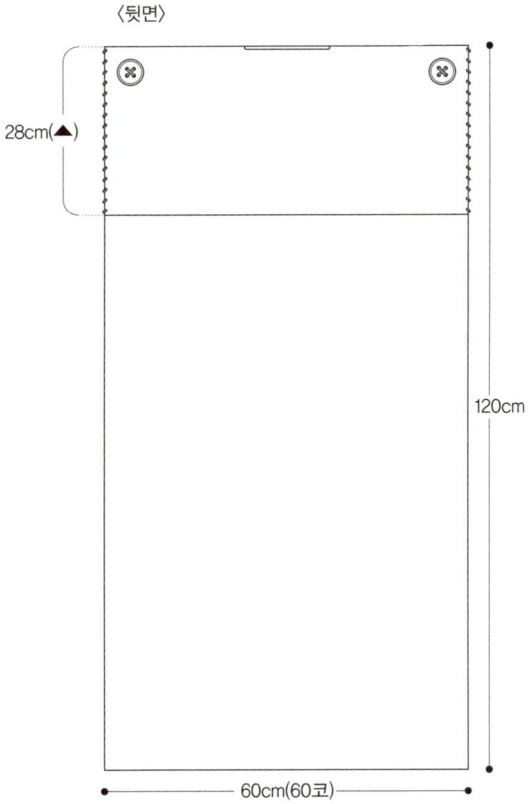

소프트베베 카시트
p.166

재료
실
소프트베베(베이지색)
560g
바늘
대바늘 7mm, 돗바늘
부자재
나무 단추 2개
게이지
12코×20단

스티치 장식 티코스터
p.163

재료

실
유기농 코튼
(아이보리색, 베이지색,
연분홍색) 각각 15g씩

바늘
대바늘 3.5mm, 돗바늘

부자재
마 끈, 하트 모양 나무
단추, 라벨

게이지
24코×32단

이렇게 만들어요!

1. 3.5mm 대바늘을 이용해 28코를 잡아서 겉뜨기로 4단을 뜬다.
2. 양끝은 도안과 같이 겉뜨기로 4코씩 뜨면서 가운데 부분은 메리야스뜨기한다.
3. ②의 방법으로 8cm를 뜨고 가터뜨기로 4단을 더 뜬 다음 코막음으로 마무리한다.
4. 돗바늘에 마 끈을 끼워 박음질 모양으로 전체를 두른 다음 리본 모양으로 묶어 마무리한다.
5. 라벨은 반박음질로 꿰매고 단추도 고정시킨다.

tip
마 끈으로 박음질하기 전에 다림질해서 모양을 예쁘게 잡아주세요.

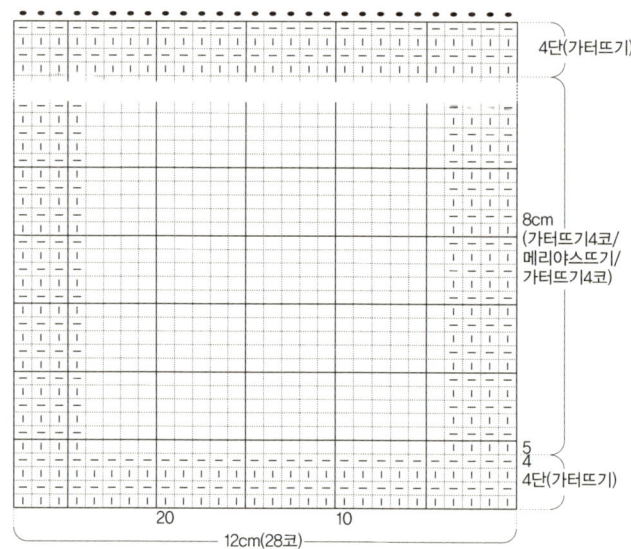

☐ , │ = 겉뜨기

─ = 안뜨기

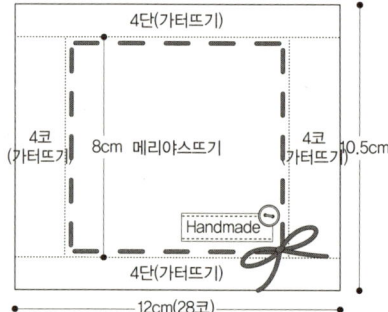

> 이렇게 만들어요!

1. 5mm 양말바늘을 이용해 하얀색 실로 52코를 잡아서 양말바늘 4개에 각각 13코씩 옮긴다.
2. 겉뜨기로 5cm의 원형을 뜬다.(사진 참고)

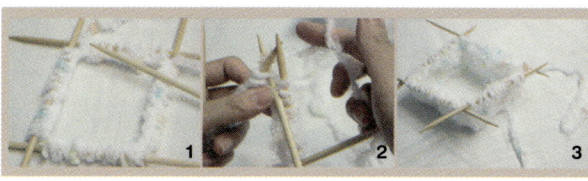

〈원형 만들기〉
1 하얀색 실을 양말 바늘 4개에 각각 13코씩 나누어준다. 2 남은 바늘을 이용해 겉뜨기로 5cm의 원형을 뜬다. 3 하얀색 실로 겉뜨기 5cm의 원형을 뜬 모습.

3. 빨간색 실로 바꿔서 10cm(22단)를 뜬다.
4. 뒤꿈치 만들기(8/10/8-아래 사진 참고)

〈첫 번째 되돌아뜨기〉

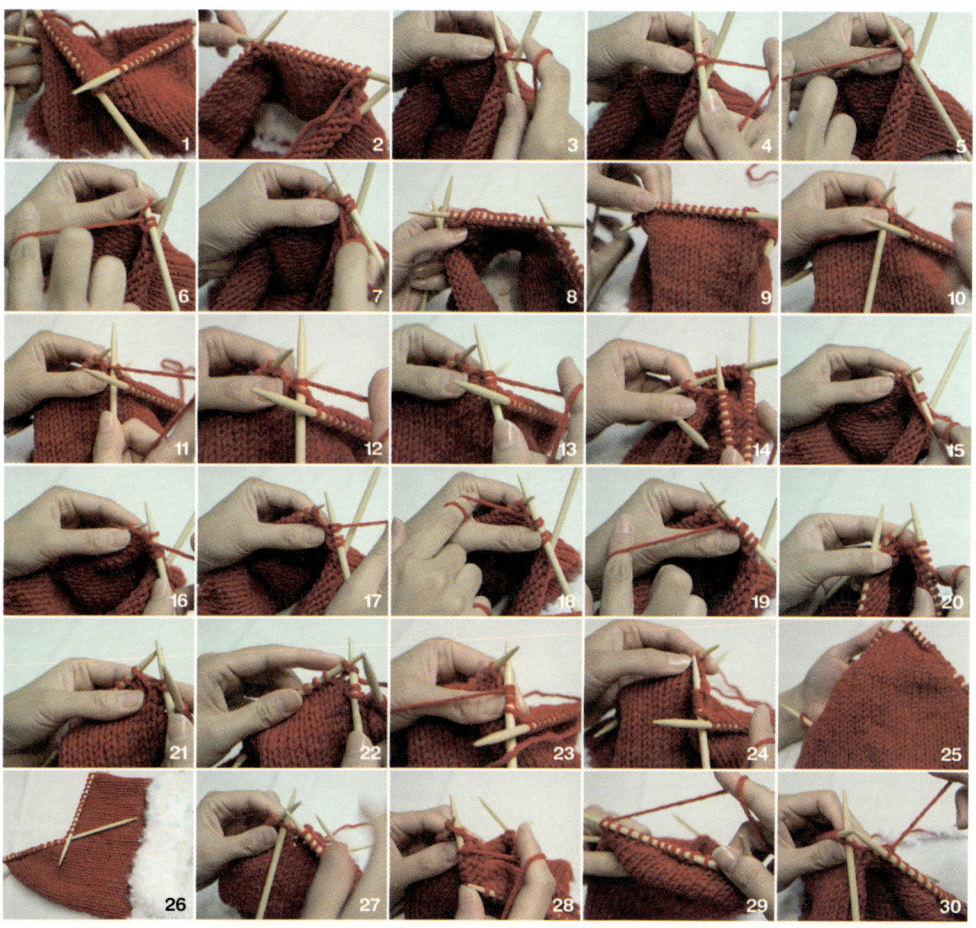

1 2개 바늘에 걸린 콧수(26코)만 겉뜨기로 1단을 뜬다. 2 방향을 안뜨기 쪽으로 돌린다. 3 안뜨기를 1코 뺀다. 4.바깥으로 실을 잡아당겨서 2코를 만든다. 5 다시 안뜨기 방향으로 실을 당긴다. 6~8 안뜨기로 25코를 뜬다. 9 다시 겉뜨기 방향으로 바늘을 잡는다. 10 겉뜨기를 1코 뺀다. 11 실을 안쪽으로 잡아당겨서 2코를 만든다. 12 겉뜨기 방향으로 실을 넘긴다. 13 다시 겉뜨기로 24코를 뜬다. 14 처음에 만든 2코를 남긴다. 15 안뜨기 방향으로 돌린다. 16 안뜨기 방향으로 1코를 뺀다. 17 실을 잡아당겨 2코를 만든다. 18 안뜨기 방향으로 실을 돌린다. 19 안뜨기로 23코를 뜬다. 20, 21 2코를 남기고 방향을 겉뜨기 하는 쪽으로 바꾼다. 22 겉뜨기 방향으로 1코를 뺀다. 23 안쪽으로 실을 당겨 2코를 만든다. 24 겉뜨기로 22코를 뜬다. 25 양쪽을 같은 방법으로 여덟 번 반복하면 양쪽 바늘에 5코씩 남는다. 26 뒤꿈치 모양의 반이 생겼다. 27 마지막 겉뜨기 쪽으로 2코를 만든 다음 겉뜨기한다. 28~30 2코 만든 부분을 같이 뜨면서 원형으로 1단을 뜬다. *겉뜨기 2코 같이 떴던 부분 정리하는 방법. 정리하면서 1단을 원형으로 뜨고 이 바늘까지 겉뜨기한다.

메리 산타 양말
p.167

재료

실
매직(빨간색) 160g,
팝콘(하얀색) 50g

바늘
양말바늘 5mm 4개,
코바늘 7호, 돗바늘

부자재
단추 2개, 방울 기계

게이지
14코×20단

첫 번째 되돌아뜨기

① 겉뜨기로 26코를 뜬다.

② 바늘을 돌려 안뜨기 1코를 오른쪽 바늘에 옮기고 실을 당겨 2코를 만든다. 왼쪽 바늘에서 안뜨기로 25코를 뜬다. 바늘을 돌려 겉뜨기 방향으로 바늘을 잡는다.

③ 겉뜨기 방향으로 1코를 빼서 잡아당겨 2코를 만든 다음 겉뜨기한다. 겉뜨기로 24코를 뜬 다음 끝에 1코를 남기고 다시 ②와 같은 방법으로 되돌아뜨기한다.

④ 안뜨기 1코를 옮겨 잡아당겨서 2코를 만든 다음 다시 안뜨기로 23코를 뜬다.

⑤ ③과 같은 방법으로 겉뜨기 쪽에서 1코를 옮겨 2코를 만든 다음 다시 겉뜨기한다. 같은 방법으로 양쪽에서 8코씩 되돌아뜨기하고 양쪽 바늘에 5코씩 남으면 정리한다.
겉뜨기 되돌아뜨기를 마지막으로 겉뜨기하면서 안뜨기 쪽에 되돌아뜨기했던 부분을 겉뜨기로 먼저 2코 같이 떠서 정리한 다음 같은 방향으로 겉뜨기하면서 원형으로 한 바퀴 돌아준다. 겉뜨기 되돌아뜨기했던 부분에서도 2코를 같이 떠서 정리한다.

〈두 번째 되돌아뜨기〉

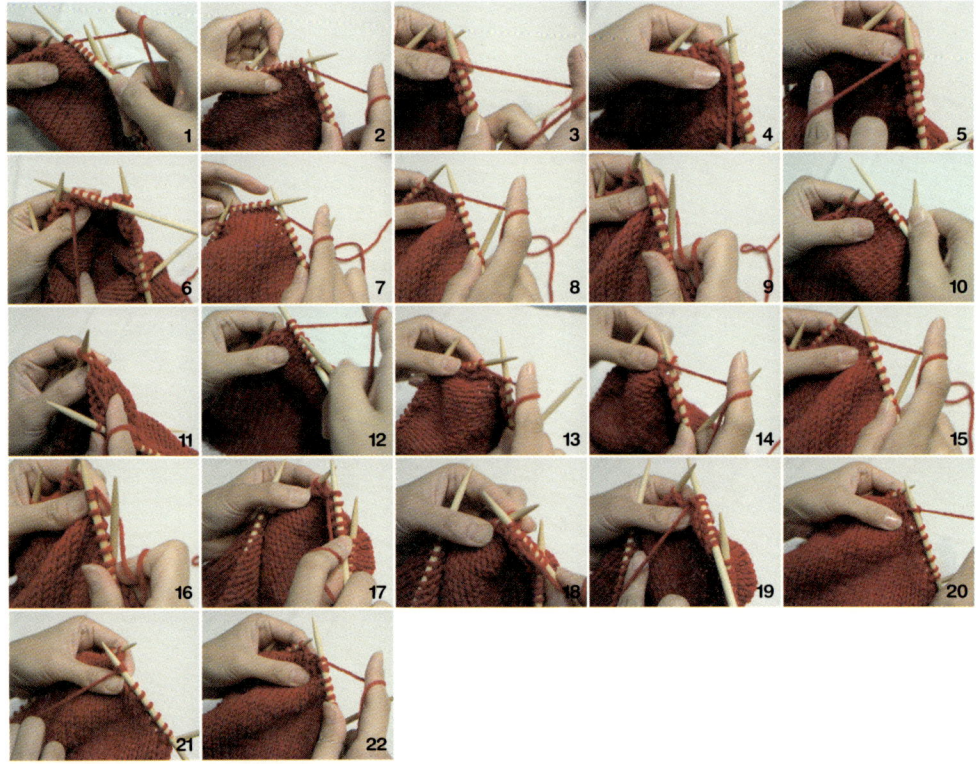

1 6코만 겉뜨기한다. 2 안뜨기 방향으로 돌린다. 3 실을 잡아당겨 2코를 만든다. 4 안뜨기 쪽으로 실 방향을 돌린다. 5 남은 5코를 안뜨기한다. 6 다른 바늘에 있는 6코를 뜬다. 7 겉뜨기 방향으로 돌린다. 8 실을 잡아당겨 2코를 만든다. 9 겉뜨기 쪽으로 실을 돌려 남은 5코를 뜬다. 10 다른 바늘에 있는 겉뜨기 5코를 뜬다. 11 2코 만들어놓은 것을 한 번에 같이 뜬다. 12 1코를 겉뜨기한다. 13 안뜨기 방향으로 돌린다. 14 안뜨기로 1코를 뺀다. 15 실을 잡아당겨 2코를 만든다. 16 안뜨기 쪽으로 실을 돌려 남은 6코를 안뜨기한다. 다른 쪽 바늘에 있는 5코를 안뜨기한다. 17~18 2코 만들어놓은 것을 같이 안뜨기한다(바늘 모양을 잘 보고 이 모양대로 뜬다). 19 1코를 안뜨기한다. 20 겉뜨기 쪽으로 방향을 돌려 1코를 겉뜨기 쪽으로 뺀다. 21 2코를 만든다. 22 6코를 겉뜨기한다. *같은 방법으로 양쪽 8회씩 되돌아뜨기를 끝까지 한 다음 원형으로 1단을 돌면서 겉뜨기 쪽 마지막 되돌아뜨기 1코가 남은 것도 정리하면서 계속 원형뜨기한다.

두 번째 되돌아뜨기

① 바늘 2개에 13코씩 걸려 있는 부분에서 겉뜨기 부분을 정리하고 옆 바늘의 6코만 겉뜨기한다.

② 다시 안뜨기 쪽으로 돌려 1코를 빼서 잡아당겨 2코를 만들고 안뜨기로 11코만 뜬다.

③ 겉뜨기 방향으로 돌린 다음 다시 겉뜨기를 빼서 잡아당겨 겉뜨기 12코를 뜬다. 이때 열한 번째 코가 되돌아뜨기했던 2코이므로 같이 뜨고 열두 번째 코까지 뜬 다음 다시 되돌아뜨기한다.

④ 같은 방법으로 좌우를 왔다 갔다 하며 뒤로 1코씩 밀리면서 되돌아뜨기를 끝까지 한 다음 전체 원형으로 겉뜨기하면서 18cm(36단)를 뜬다.

5 앞코 줄이기(사진 참고)

① 3단에 한 번 코 줄이기를 하고 2단에 네 번, 매 단마다 여섯 번씩 코 줄이기를 해서 바늘 4개에 2코씩 남긴다. 그러면 1단에 4코가 준다. 1단은 코 줄이기를 하고 2단은 그냥 뜨고 1단은 코 줄이기를 해서 매 단마다 코 줄이기를 한다.

② 코 줄이기를 다 하고 총 8코가 남으면 반대로 코를 엎어가면서 1코만 남긴 다음 그 코에 실을 넣어서 빼낸다.

〈앞코 줄임〉

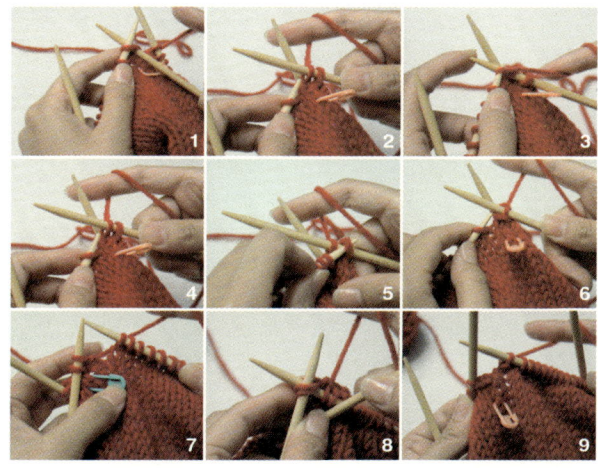

1 첫 코를 뺀다. 2, 3 겉뜨기로 1코를 뜬다. 4~6 뒤에 있는 코로 엎은 다음 22코만 겉뜨기한다. 7~9 2코를 같이 뜬다. *①, ②번을 반복한다. ③, ④번을 반복해 한 단에서 4코씩 줄인다. 한 바늘에 2코씩 남을 때까지 2단에 한 번씩 줄인다.

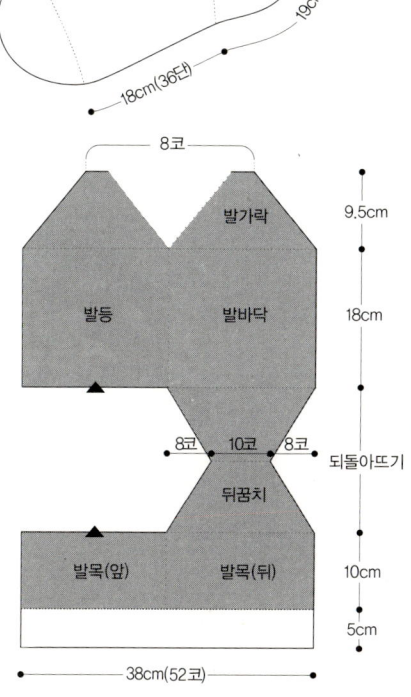

6 양말 윗부분 삼각형 만들기

① 윗부분에서 빨간색 실로 52코를 잡아 안뜨기로 1단을 뜬다. 이때 원형으로 뜨지 않는다.

② 첫 번째 코와 두 번째 코는 뜨지 않고 빼낸 다음 세 번째 코를 겉뜨기하고 두 번째 코로 세 번째 코를 엎는다.(오른코 줄이기)

③ 끝에 3코를 남긴 다음 2코를 같이 뜨고(왼코 줄이기, 사진 7) 겉뜨기로 1코를 뜬다.

④ 안뜨기할 때 첫 번째 코를 빼고 끝까지 뜬다.(2단에 한 번씩 양쪽으로 줄이고, 1코가 남을 때까지 한다.)

7 두 번째 작은 방울 기계를 이용해서 방울을 단다.

8 코바늘을 이용해 사슬 13코를 떠서 고리를 만든다.

다이어리 커버와 연필싸개
p.163

재료
실
액센트(파란색) 80g
바늘
대바늘 4mm,
양말바늘, 돗바늘
부자재
레이스 45cm,
리본 2개, 체크무늬
천 1장(12cm×9cm),
자수용 천
1장(10cm×6cm), 라벨
1개, 파란색 자수 실 1개
게이지
24코×32단

이렇게 만들어요!

다이어리 커버

1. 4mm 대바늘을 이용해 84코를 잡아서 멍석뜨기로 2cm(7단)를 뜬다.
2. 양쪽으로 14코씩 멍석뜨기하고 가운데 부분은 메리야스뜨기로 13.5cm를 뜬다.
3. 멍석뜨기로 2cm를 뜬 다음 코막음한다.(도안 참고)
4. 편물을 다이어리에 맞게 고정시킨 다음 4cm씩 안으로 시접을 넣어 위아래 부분을 꿰맨다.
5. 레이스를 반박음질로 꿰맨 다음 커버 앞뒤로 리본을 단다.
6. 체크무늬 천은 0.5cm 시접을 넣어 원하는 부분에 놓고 공그르기한다.
7. 자수용 천에 수를 놓아 체크무늬 천 위에 올리고 파란색 자수 실로 반박음질한다.(자수 도안 참고)
8. 라벨도 파란색 자수 실로 꿰매어 고정한다.

연필싸개 (자투리 실을 이용하세요. 여기서는 복합 실인 사뽀로 실을 사용했어요.)

1. 양말바늘 4개로 9코를 잡은 다음 한 바늘에 3코씩 잡는다.
2. 겉뜨기로 원형이 되게 9cm 정도 뜬 다음 코막음한다.

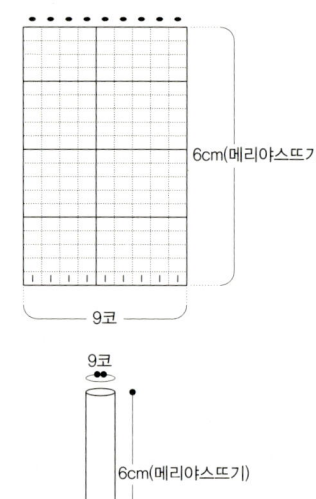

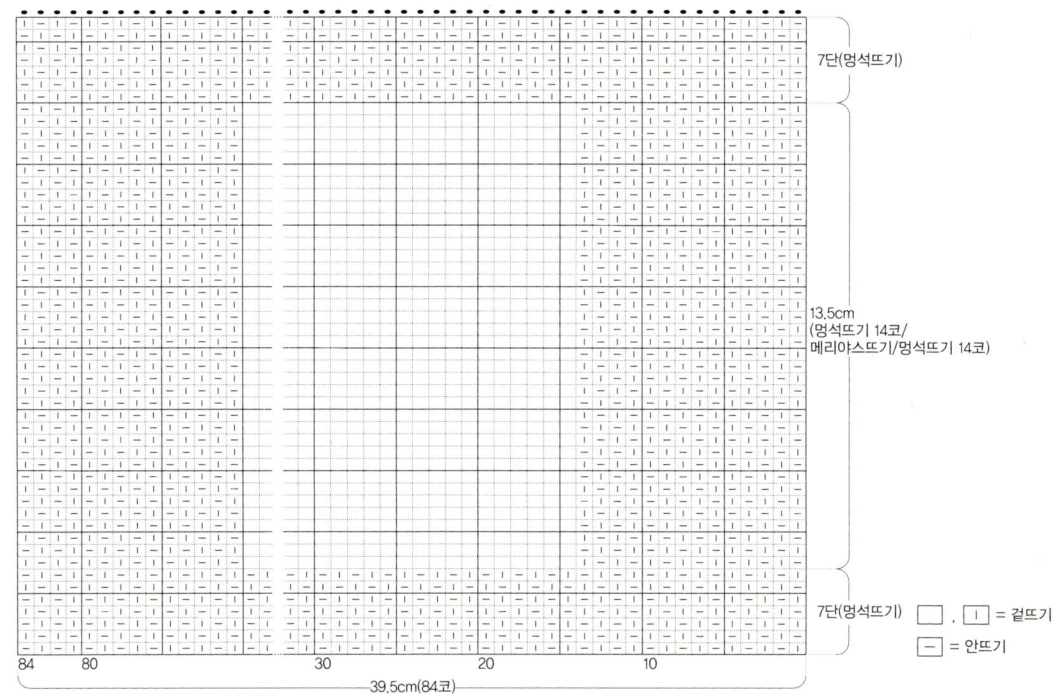

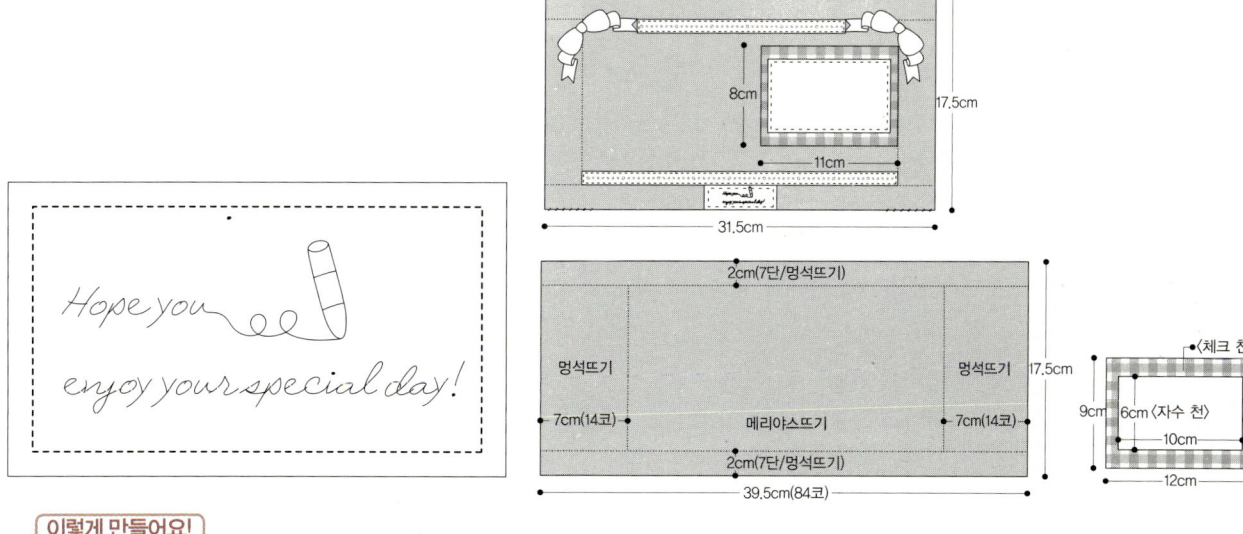

이렇게 만들어요!

1. 6mm 대바늘을 이용해 90코를 잡는다.
2. 원형으로 겉뜨기 3코, 안뜨기 3코, 겉뜨기 3코, 안뜨기 3코 뜨기를 반복하며 30cm를 뜬다.
3. 2코를 한 번에 떠서 코를 반으로 줄인다.
   (p.24~27 '방울 비니' 만들기 참고)
4. 남은 코는 돗바늘에 꿰어서 꽉 잡아당긴 다음 십자 모양으로 엮어 매듭짓는다.
5. 편물 안에 쿠션 솜을 넣고 아랫부분을 돗바늘로 꿰맨 다음 실밥을 정리한다.
6. 남은 실을 모두 이용하여 방울을 만들어 단다.

tip
방울은 하나로 크게 만들어도 되고, 작은 방울 2개를 만들어 달아도 됩니다.

방울 쿠션
p.168

재료
실
램소프트(파랑) 150g
바늘
대바늘 6mm, 돗바늘
부자재
쿠션 솜
(30cm×30cm),
방울 기계
게이지
14코×24단

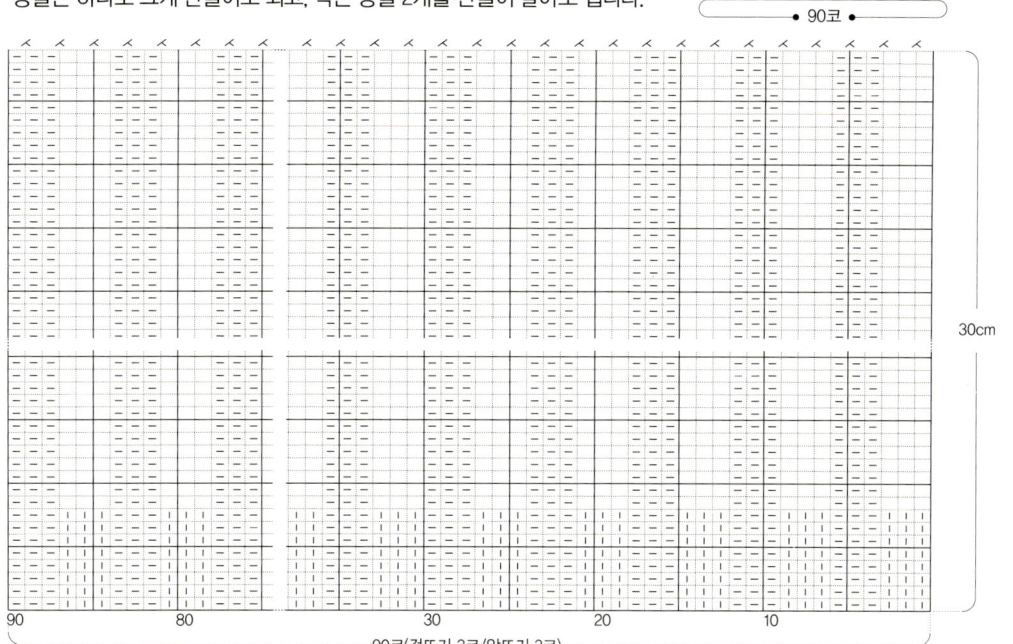

뜨개 바구니
p.169

재료

실
메가(밤색) 120g

바늘
코바늘 8호, 돗바늘

부자재
레이스 1마, 라벨

이렇게 만들어요!

1. 코바늘을 이용해 원형을 만들어서 8코 짧은뜨기를 한다.
2. 1코에 2코씩 넣어서 16코를 만든다.
3. 코를 늘리면서 10단까지 떠 80코를 만든다.(도안 참고)
4. 11단부터 코를 늘리지 않고 각 코마다 짧은뜨기를 한다.(빼뜨기하지 않고 단수 표시 링을 시작점에 표시한 후 원형으로 돌면 된다.)
5. 마지막 코는 빼뜨기한 다음 돗바늘로 실밥을 정리할 때 옆에 있는 코에 넣어서 바짝 잡아당겨 매듭짓는다.
6. 레이스는 시작 부분에서 20cm가량 남겨두고, 바구니 테두리를 두르면서 빨간색 실로 반박음질해 위아래로 고정시킨다.
7. 반박음질한 다음 레이스를 20cm가량 남겨서 처음 남겨둔 부분과 묶어 리본 모양을 만든다.
8. 라벨도 빨간색 실을 이용해 반박음질로 꿰맨다.

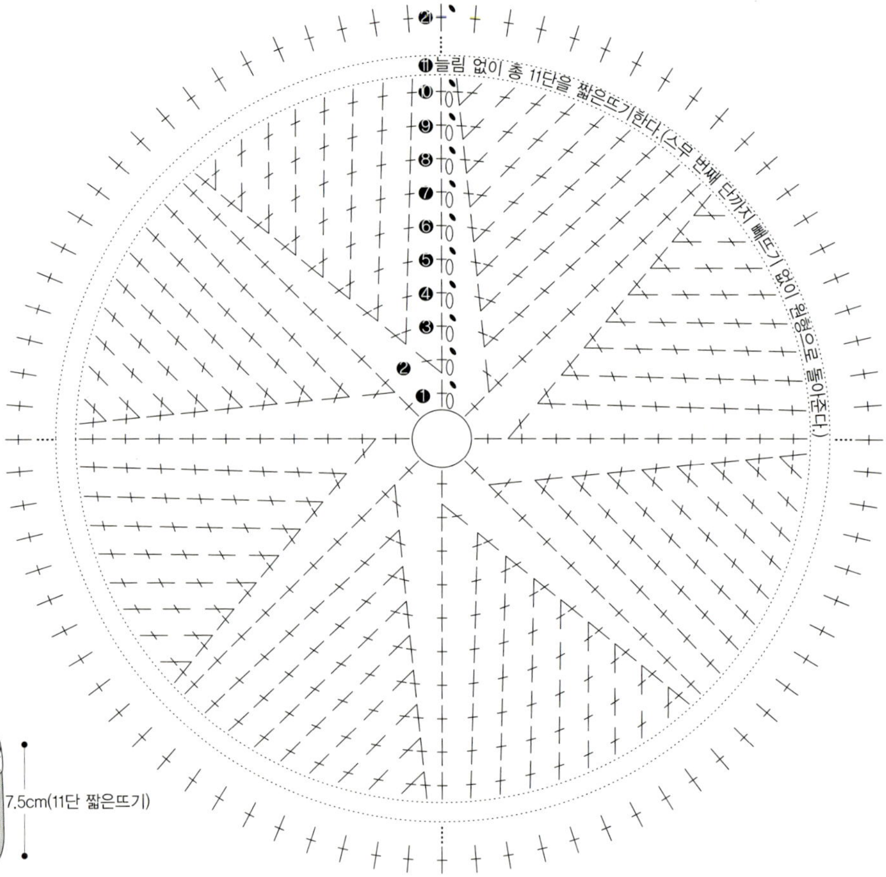

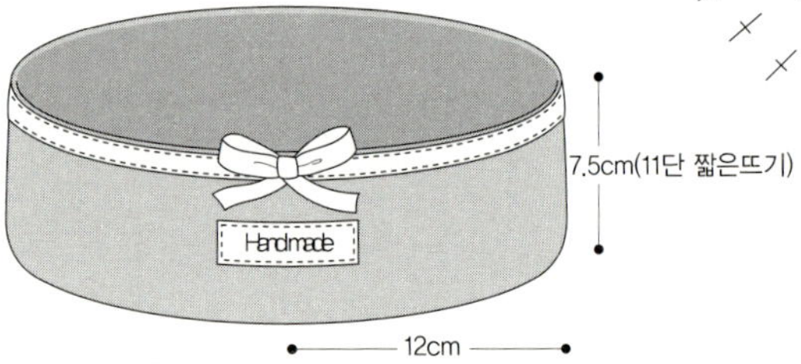

> **이렇게 만들어요!**

바구니

1. 4mm 대바늘을 이용해 30코를 잡아 1코 멍석뜨기로 16단을 뜬다.
2. 안뜨기로 1단을 뜨고 메리야스뜨기로 2단을 뜬 다음 코막음한다.
3. 밑부분에서 30코를 잡는다.
4. 겉뜨기 3코, 오른코 모아뜨기를 1세트로 반복해서 1단을 뜬다. 총 24코가 남는다.
5. 안뜨기로 1단을 뜬다.
6. 겉뜨기 2코, 오른코 모아뜨기를 1세트로 반복해서 1단을 뜬다. 총 18코가 남는다.
7. 안뜨기로 1단을 뜬다.
8. 겉뜨기 1코, 오른코 모아뜨기를 1세트로 반복해서 1단을 뜬다. 총 12코가 남는다.
9. 안뜨기로 2코씩 모아뜨기한다. 총 6코가 남는다.
10. 실을 10cm 길이로 잘라 돗바늘에 꿰어서 남은 6코를 한 번에 잡아당긴 다음 옆선을 꿰맨다.
11. 돗바늘로 실밥을 정리한다.

실

1. 4mm 대바늘을 이용해 7코를 잡아 안뜨기부터 시작해 메리야스뜨기로 10단을 뜬다.
2. 안뜨기에서 코막음한다.
3. 안뜨기 모양이 보이도록 돗바늘로 옆선을 꿰맨 다음 반으로 접어서 끝과 끝을 예쁘게 연결한다.
4. ③의 가운데에 하얀색 실을 묶은 다음 4~5회 감아 실을 자르고, 남은 실은 돗바늘 안쪽으로 빼내어 마무리한다.
5. 각 색상별로 12개를 만든다.

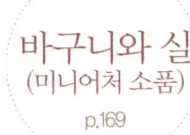

바구니와 실
(미니어처 소품)
p.169

> **재료**

실
7플라이(베이지색, 노란색, 아이보리색, 녹색, 주황색, 보라색, 밤색) 조금씩

바늘
대바늘 4mm, 돗바늘

게이지
26코×35단

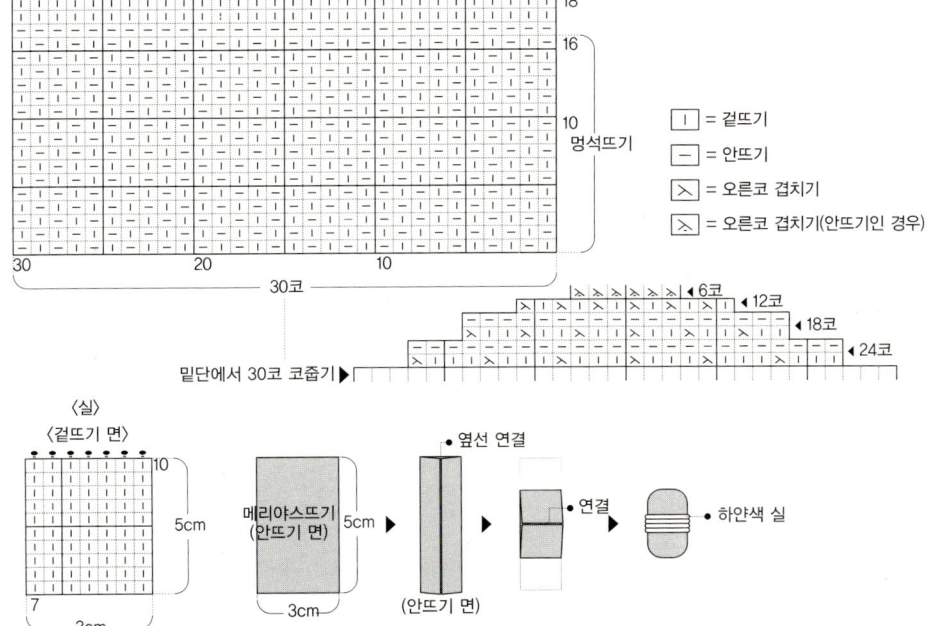

뜨개쟁이의 행복한 손뜨개

1판 1쇄 발행	2011년 11월 24일
1판 3쇄 발행	2012년 12월 20일

지은이 박형아

발행인	양원석
총편집인	이헌상
편집장	박종례
디자인	별디자인
사진	선우형준 jakesunu@naver.com 어시스턴트 배가현
인테리어 스타일링	최성미(011-758-4289)
장소 협조	집을 그리다(070-4251-2162)
작품 제작 협조	이수미, 서정순, 장경남
도움주신 곳	고려사, 하나상사, 세림무역, 풍전상사
교정·교열	염현정
해외저작권	정주이
제작	문태일, 김수진
영업 마케팅	김경만, 임충진, 곽희은, 주상우, 장현기, 임우열, 정미진, 송기현, 우지연

펴낸 곳	㈜알에이치코리아
주소	서울시 금천구 가산동 345-90 한라시그마밸리 20층
편집문의	02-6443-8862 구입문의 02-6443-8838
홈페이지	www.randombooks.co.kr
등록	2004년 1월 15일 제2-3726호

ISBN 978-89-255-4528-8   13590

※ 이 책은 ㈜알에이치코리아가 저작권자와의 계약에 따라 발행한 것이므로
  본사의 서면 허락 없이는 어떠한 형태나 수단으로도 이 책의 내용을 이용하지 못합니다.
※ 잘못된 책은 구입하신 서점에서 바꾸어 드립니다.
※ 책값은 뒤표지에 있습니다.

RHK 는 랜덤하우스코리아의 새 이름입니다.